# Escuela del niño interior
# Sanando las heridas del alma

Pastor García Terapeuta

# DEDICACION

Dedico esta obra, a todos los Sanadores, Terapeutas, Coaches, Maestros, Consultores y Facilitadores, que actualmente están ayudando al género humano a sanar sus heridas emociones, sanando el niño interior, contribuyendo así con la civilización del amor, donde la paz interior fluye como un hermoso jardín donde siempre florece la vida.

# CONTENIDO

Escuela del niño interior

# Prólogo

Algunas personas tienen muy buenos recuerdos de su niñez porque compartieron y disfrutaron de momentos muy agradables con sus familias y con sus amigos de la infancia. Otras personas no tienen memorias acerca de sus primeros años de vida, pero están seguros de que fueron momentos felices o episodios muy desagradables o simplemente algo normal. Y están los no que no tienen ningún recuerdo ni feliz ni molesto sobre esa época de su vida. De lo que sí se puede estar seguro es que todos tenemos esa información guardada en lo más profundo de nuestro ser y, sea consciente o inconscientemente, marcan nuestra vida y le dan una dirección. Ese conjunto de experiencias guardadas en cada ser es a lo que se le llama el Niño Interior.

En este libro se hace una breve pero importante presentación del Niño Interior, las diferentes características que tiene, las habilidades que posee y sus mayores obstáculos, para darnos una visión general de lo pasa por la mente de muchas personas. Además, nos presenta herramientas para acercarnos a ese niño que sigue allí dentro de cada uno de nosotros y que está a la espera de ser descubierto y rescatado de su mundo oscuro y tenebroso.

Entonces los invito a comenzar esta bella y maravillosa aventura de descubrir al niño que todos llevamos dentro y salvarlo de sus mayores miedos, como los adultos responsables que somos hoy. Quizá en el pasado ese niño no pudo contar con un adulto que lo apoyara, pero ahora tú estás en la capacidad de abrazarlo, amarlo y respetarlo para que se le reconozca su lugar en este mundo y, al llevar a cabo esta extraordinaria tarea, seas tú quien se reivindique y puedas avanzar al siguiente nivel en todos los aspectos de tu vida.

Para lograr este cometido no solamente se requieren las herramientas que se presentan aquí, sino que vas a ir de la mano de uno de los mejores terapeutas que he conocido y que es un experto en Terapia Regresiva Reconstructiva (TRR): Pastor García. Esta mezcla "explosiva" entre las herramientas de este libro, las de la TRR (que es uno de los mejores métodos terapéuticos para acceder a los archivos ocultos en el cerebro) y las que tiene Pastor como experto de más de veinte años en el campo profesional, prometen resultados sorprendentes en la vida de cada uno de sus lectores.

Sin embargo, debo aclarar que el hecho de leer este libro no te va a resolver la vida por sí solo, es necesario que comiences este camino con compromiso y disciplina, sabiendo que van a existir momentos críticos de desánimo y desesperanza, pero estando seguro de que si te mantienes enfocado en lo que deseas alcanzar (la libertad y la paz interior que tanto has anhelado), vas a reconciliarte con esa parte de ti que tanto te ama y que tiene una sabiduría muy inocente para compartir contigo, que tiene unos deseos que no han sido satisfechos y que son tus verdaderos deseos (es decir, que no han sido impuestos por otras personas) y, que una vez los conozcas y satisfagas los más importantes para ti, podrás avanzar en tu vida de una forma más fácil y sin ninguna clase de remordimientos porque has hecho lo que de verdad nace desde tu corazón.

Es muy grato para mí presentarles este camino que promete ser revelador y profundo, que está destinado a ser el viaje más importante de tu vida y no requiere que te muevas físicamente de donde estás porque es un viaje al interior, el tipo de viaje que muchos se resisten a hacer pero que tú, por el simple hecho de estar leyendo esto, ya decidiste en tu inconsciente a realizar.

Te felicito por tu decisión y te deseo lo mejor.

Un saludo y un abrazo fuerte para ti, querido lector.

### Alexander Gómez Giraldo

Diplomado Facilitador en
Terapia de Sanación Emocional
del Niño Interior y Experto en
Programación Neurolingüística PNL

# INTRODUCCION

Escuela del Niño Interior Sanando las Heridas del Alma, nace como respuesta a la gran necesidad de sanación, liberación y estabilidad emocional que se está manifestando mundialmente.

Nace como herramienta Terapéutica, Trasformadora y facilitadora en los diferentes procesos de intervención que llevan a cobo, Coaches, Terapeutas, Facilitadores en procesos de cabio, Consultores en desarrollo persona, Sanadores tradicionales y para todo aquel profesional que está involucrado en el desarrollo integral de las personas que acompaña.

La Escuela del Niño Interior Sanando las Heridas del Alma, más que un manual o libro más del mercado, es como su nombre lo indica una Escuela es por eso que esta obra es una serie de libros que nos irán capacitando en el maravilloso mundo del niño interior, para ayudar a otros seres humanos a sanar y trascender en su senda espiritual y evolutiva.

No es una nueva terapia y en ningún caso la sustitución de los modelos psicoterapéuticos convencionales ya establecidos, más bien es una poderosa herramienta que podemos integrar dentro de los procesos psicoterapéuticos, así también como en las áreas del Coaching, la PNL, el Desarrollo personal y en las diferentes áreas que tienen que ver con el crecimiento integral del ser humano nuestro elemento principal de trabajo en los procesos de cambio y transformación personal.

Dentro de estas páginas encontraras el secreto mejor guardado de la historia de la humanidad y que en la actualidad está emergiendo en una emancipación y empoderamiento transpersonal donde el ser humano adulto vuelve a creer en la magia, la fantasía, los sueños, los milagros y lo más importante empieza a creer en sí mismo a partir de esta manifestación de amor que llamamos niño interior.

Es un libro base de los Facilitadores en Sanación Intergeneracional del niño interior, quienes se capacitan presencialmente y en línea en nuestra escuela del niño interior, siendo esta la primera en su categoría y especialidad a nivel mundial.

# 1 ESCUELA DEL NIÑO INTERIOR, ¿QUÉ ES?

La Escuela del Niño Interior número uno a nivel mundial en tratamiento, sanación y entrenamiento del niño interior.

Somos el primer centro educativo en el mundo dedicado exclusivamente a la sanación, restauración y liberación del niño interior, a través de una formación continua, donde todos nuestros alumnos e integrantes antes de convertirse en facilitadores en Sanación del niño interior pasan por su propio proceso personal de sanación emocional y psicológica, incluso antes de iniciar su preparación y entrenamiento, para asegurarnos que el facilitador esté sano o por lo menos equilibrado emocionalmente antes de involucrarse en el mundo emocional de sus clientes o pacientes. Esto último para evitar los problemas y frustraciones que están viviendo muchos expertos en autoayuda, mentoring, coaching y desarrollo personal que al no tener un trabajo personal previo no pueden dar ayuda o respuestas satisfactorias a sus clientes.

Teniendo en cuenta lo anterior, reiteramos la importancia de que el terapeuta, coach, facilitador o experto en desarrollo personal que se entrene en nuestra escuela tenga una intervención terapéutica personalizada como primer requisito obligatorio antes de su formación y posterior certificación en sanación intergeneracional y del niño interior.

Sin el primer paso de recibir intervención terapéutica, será imposible ir al segundo que es la formación y entrenamiento para convertirse en facilitador.

**¿Quiénes somos?**

Somos un grupo interdisciplinario de profesionales en áreas de la Psicología, Terapia Regresiva Reconstructiva TRR, Programación Neurolingüística PNL, Hipnosis, Acompañamiento Espiritual, Coaching, Mentoring, Desarrollo personal, Trabajo social y Consultoría del ser, expertos en el tratamiento del niño interior, con un profundo amor por los seres humanos que nos consultan y acompañamos en ese maravilloso proceso de sanación del niño interior.

Además, somos el primer centro educativo en el mundo dedicado exclusivamente a la sanación, restauración y liberación del niño interior, a través de una formación continua, donde todos nuestros alumnos e integrantes antes de convertirse en facilitadores en Sanación del niño interior pasan por su propio proceso personal de sanación emocional y psicológica, incluso antes de iniciar su preparación y entrenamiento, para asegurarnos que el facilitador esté sano o por lo menos equilibrado emocionalmente antes de involucrarse en el mundo emocional de sus clientes o pacientes. Esto último para evitar los problemas y frustraciones que están viviendo muchos expertos en autoayuda, Mentoring, coaching y desarrollo personal que al no tener un trabajo personal previo no pueden dar ayuda o respuestas satisfactorias a sus clientes.

# 2 ETAPAS DE DESARROLLO COGNITIVO

Antes de entrar en el terreno del niño interior es necesario saber sobre estas etapas de desarrollo cognitivo propuestas por Piaget, que nos ayudaran a entender más a delante al protagonista de esta hermosa obra EL NIÑO INTERIOR.

Las teorías cognitivas se centran en el estudio de la estructura y desarrollo de los procesos del pensamiento, especialmente cómo afecta esto a la comprensión de la persona sobre su entorno. De todas las teorías cognitivas una de las más populares es la que se extrae de la obra de Jean Piaget

Piaget suponía que los niños a cada edad tienen capacidad para resolver determinadas cuestiones y problemas. Comenzó estudiando los errores de los niños. Piaget se dio cuenta de que los niños con las misma edad cometían los mismos errores y él por lo tanto establece una secuencia evolutiva en el proceso cognitivo.

Las estructuras cognitivas cambian en el tiempo, configurando etapas del desarrollo. Para que aquellas estructuras configuren una etapa, deben guardar un orden temporal invariable, sin importar demasiado la edad en que cada una de ellas se presenta, pero sí que se integren naturalmente en las posteriores.

Estas etapas se desarrollan en un orden fijo en todos los niños, y en todos los países. No obstante, la edad puede variar ligeramente de un niño a otro. Las etapas son las siguientes:

a) Primer periodo, 0 a 2 años:

En este periodo el niño utiliza sus sentidos y capacidades motoras para conocer los objetos y el mundo (ve que es lo que puede hacer con las cosas). Aprende a lo que se llama la permanencia del objeto.

Esta etapa tiene lugar entre el nacimiento y los dos años de edad, conforme los niños comienzan a entender la información que perciben sus sentidos y su capacidad de interactuar con el mundo.

Durante esta etapa, los niños aprenden a manipular objetos, aunque no pueden entender la permanencia de estos objetos si no están dentro del alcance de sus sentidos. Es decir, una vez que un objeto desaparece de la vista del niño o niña, no puede entender que todavía existe ese objeto (o persona). Por este motivo les resulta tan atrayente y sorprendente el juego al que muchos adultos juegan con sus hijos, consistente en esconder su cara tras un objeto, como un cojín, y luego volver a "aparecer". Es un juego que contribuye, además, a que aprendan la permanencia del objeto, que es uno de los mayores logros de esta etapa: la capacidad de entender que estos objetos continúan existiendo aunque no pueda verlos. Esto incluye la capacidad para entender que cuando la madre sale de la habitación, regresará, lo cual aumenta su sensación de seguridad. Esta capacidad suelen adquirirla hacia el final de esta etapa y representa la habilidad para mantener una imagen mental del objeto (o persona) sin percibirlo.

b) Segundo periodo, desde 2 a 7 años: Este periodo consta de dos fases: la fase preoperacional (o llamada también de representación) y la fase instintiva

La fase preoperacional abarca de los dos a los cuatro primeros años del niño. En esta fase, el niño mantiene una postura egocéntrica, que le incapacita para adoptar el mismo punto de vista de los demás. Observamos que los niños son capaces de utilizar el pensamiento simbólico, que incluye la capacidad de hablar. Los humanos utilizamos signos para conocer el mundo y los niños ya los manejan en este periodo. Sin embargo, este pensamiento simbólico es todavía un pensamiento egocéntrico, el niño entiende el mundo desde su perspectiva.

Comienza cuando se ha comprendido la permanencia de objeto, y se extiende desde los dos hasta los siente años. Durante esta etapa, los niños aprenden cómo interactuar con su ambiente de una manera más compleja mediante el uso de palabras y de imágenes mentales. Esta etapa está marcada por el egocentrismo, o la creencia de que todas las personas ven el mundo de la misma manera que él o ella. También creen que los objetos inanimados tienen las mismas percepciones que ellos, y pueden ver, sentir, escuchar, etc.

También en esta fase, la manera de categorizar los objetos se efectúa globalmente, basándose en una exagerada generalización de los caracteres más sobresalientes.

Otro factor importante en esta etapa es la Conservación, que es la capacidad para entender que la cantidad no cambia cuando la forma cambia. Es decir, si el agua contenida en un vaso corto y ancho se vierte en un vaso alto y fino, los niños en esta etapa creerán que el vaso más alto contiene más agua debido solamente a su altura. Esto es debido a la incapacidad de los niños de entender la reversibilidad y debido a que se centran en sólo un aspecto del estímulo, por ejemplo la altura, sin tener en cuenta otros aspectos como la anchura.

La fase instintiva se prolonga hasta los siete años, y se caracteriza porque el niño es capaz de pensar las cosas a través del establecimiento de clases y relaciones, y del uso de números, pero todo ello de forma intuitiva, sin tener conciencia del procedimiento empleado.

En este periodo, el niño desarrolla primero la capacidad de conservación de la sustancia, luego desarrolla la capacidad de la conservación de la masa, y posteriormente la del peso y la del volumen.

Piaget señala que el paso del periodo sensomotriz a este segundo periodo se produce fundamentalmente a través de la imitación, que de forma individualizada el niño asume, y que produce la llamada imagen mental, en la que tiene un gran papel el lenguaje.

c) Tercer periodo, desde los 7 a los 11 años: Periodo de las operaciones concretas

En este periodo el niño puede aplicar la lógica, aplica principios. El niño ya no conoce intuitivamente sino racionalmente. El niño hace uso de algunas comparaciones lógicas, como por ejemplo: la reversibilidad y la seriación. Sin embargo, no maneja todavía abstracciones. Su pensamiento está anclado en la acción concreta que realiza. Es el periodo escolar.

Esta etapa está marcada por una disminución gradual del pensamiento egocéntrico y por la capacidad creciente de centrarse en más de un aspecto de un estímulo. Pueden entender el concepto de agrupar, sabiendo que un perro pequeño y un perro grande siguen siendo ambos perros, o que los diversos tipos de monedas y los billetes forman parte del concepto más amplio de dinero.

Sólo pueden aplicar esta nueva comprensión a los objetos concretos (aquellos que han experimentado con sus sentidos). Es decir, los objetos imaginados o los que no han visto, oído, o tocado, continúan siendo algo místicos para estos niños, y el pensamiento abstracto tiene todavía que desarrollarse.

d) Cuarto periodo, de los 12 años en adelante: periodo de las operaciones formales

Hablamos del adolescente y del adulto. Es la etapa del pensamiento abstracto, no solo piensa de la realidad, sino cómo puede hacer las cosas, ya puede hipotetizar.

En este periodo los niños comienzan a dominar las relaciones de proporcionalidad y conservación. A su vez, sistematizan las operaciones concretas del anterior periodo, y desarrollan las llamadas operaciones formales, las cuales no sólo se refieren a objetos reales como la anterior, sino también a todos los objetivos posibles. Con estas operaciones y con el dominio del lenguaje que poseen en esta edad, son capaces de acceder al pensamiento abstracto, abriéndoseles las posibilidades perfectivas y críticas que facilitan la razón. Pueden aplicar la reversibilidad y la conservación a las situaciones tanto reales como imaginadas. También desarrollan una mayor comprensión del mundo y de la idea de causa y efecto.

Esta etapa se caracteriza por la capacidad para formular hipótesis y ponerlas a prueba para encontrar la solución a un problema.

Otra característica del individuo en esta etapa es su capacidad para razonar en contra de los hechos. Es decir, si le dan una afirmación y le piden que la utilice como la base de una discusión, es capaz de realizar la tarea. Por ejemplo, pueden razonar sobre la siguiente pregunta: ¿Qué pasaría si el cielo fuese rojo?".

En la adolescencia pueden desarrollar sus propias teorías sobre el mundo.

Esta etapa es alcanzada por la mayoría de los niños, aunque hay algunos que no logran alcanzarla. No obstante, esta incapacidad de alcanzarla se ha asociado a una inteligencia más baja.

A modo de resumen, para Piaget todo el proceso de desarrollo de la inteligencia está un proceso de estimulación entre los dos aspectos de la adaptación, que son: la asimilación y la acomodación.

# 3 ¿QUIEN ES EL NIÑO INTERIOR?

Todos llevamos dentro al niño que algún día fuimos. Hablamos del niño interior cuando nos referimos a todo ese conjunto de experiencias, vivencias y recuerdos que van desde los 0 hasta aproximadamente los 7 años de edad. Todas ellas se han quedado grabadas de alguna manera en nuestro interior, y al hacernos adultos inconscientemente seguimos dando al *play* una vez detrás de otra para reproducir estas grabaciones de la infancia.

Nuestros comportamientos emocionales siguen, por lo tanto, un patrón o esquema definido ya en la infancia. Si nuestro niño interior está bien conexionado con nuestro ser adulto, entonces nuestra capacidad emocional funcionará bien. Pero, por desgracia, casi todos en la infancia hemos tenido heridas emocionales que algunos no hemos logrado solucionar en su momento. Estas heridas emocionales no resueltas han logrado dañar al niño interior, con lo que el niño y el adulto dentro de nosotros no pueden vivir en armonía. A causa de esta desconexión entre los dos es cuando sentimos conflictos internos, problemas de autoestima, vacíos emocionales, etc.

El adulto muchas veces ve su personalidad de niño como una parte inmadura de sí mismo que debe esconder y reprimir. Para funcionar en sociedad como se supone que todo el mundo espera de nosotros debemos ser sabios, maduros, reflexivos, seguros... todo lo contrario de lo que constituye la esencia de un niño: impulsivo, curioso, ruidoso... Con este comportamiento, lo único que está haciendo es seguir arrinconando al niño interior, cuando en realidad lo único que necesita ese niño que llevamos dentro es amor y aceptación. Al desconectarnos de él, estamos negándonos una parte de nosotros mismos, ya que él es nuestro hemisferio derecho, nuestra parte irracional que se plasma en las vivencias y los sentimientos, mientras que el adulto constituye el hemisferio izquierdo racional, la parte que piensa y luego actúa.

Sin embargo, cuando el adulto y el niño están conectados, en nuestro interior vive un niño sano que nos hace poder enfrentarnos a nuestras emociones y tolerarlas, sean estas negativas o positivas, sin tener que acudir a ciertos comportamientos entre los que se incluyen la rabia, la frustración, la ira, la angustia... Adulto y niño conectados significa ni más ni menos que los hemisferios cerebrales izquierdo y derecho están conectados entre sí. El adulto con un niño interior sano es capaz de experimentar las emociones propias de la infancia como espontaneidad, alegría genuina, y en definitiva vivir de una forma plena.

Por desgracia, en la sociedad occidental actual existen muchas personas con problemas resultantes de un niño interior herido, muchas más incluso que adultos en equilibrio con un niño interior sano. Quizás tengas la suerte de encontrarte entre estos últimos, pero si como muchos otros que te rodean tu adulto no es capaz de conectar con tu niño interior herido, ha llegado la hora de sanarle y construir una conexión con él.

Probablemente ahora te estés preguntando "¿Qué debo hacer entonces para sanar a mi niño interior, conseguir que conecte con mi ser adulto y lograr así la paz emocional que anhelo?".

La respuesta a esta pregunta abarca la construcción de un largo camino a través de nuestro ser interno en la búsqueda de la felicidad. Quizás te parezca un trayecto demasiado ambicioso, pero no es tan difícil como parece. Solo requiere un poco de esfuerzo por tu parte, y a cambio la recompensa será inmensa: ni más ni menos que la finalidad que todos perseguimos, que es simplemente ser felices.

El primer paso que hay que dar en esta búsqueda interna parece relativamente sencillo, pero no lo es: tendrás que llegar a conocer a tu niño interior si quieres conectar con él. Probablemente pienses que es una obviedad y que ya conoces a ese niño que fuiste y las experiencias que te marcaron o traumatizaron. Sin embargo, el niño interior se halla reprimido y escondido, tan profundamente, en lo más hondo de ti mismo, que los antiguos traumas y heridas psicológicas se encuentran totalmente desdibujadas.

Por otro lado, no necesariamente ha de tener un niño interior herido solo quien haya experimentado abusos y traumas graves durante su infancia. Si la sociedad, o tus propios valores aprendidos, te han hecho desconectarte de él y reprimirlo en el rincón más oscuro de tu subconsciente, tu adulto interior no está conectado con él. Por eso es importante buscarlo, conocerlo, estudiar sus características y averiguar si existen antiguas heridas tan reprimidas y escondidas que tú mismo desconocías.

Del mismo modo, tampoco es obligatorio que el adulto interior de una persona que haya tenido una niñez dolorosa esté desconectado de su niño interior. Puede ser que esta persona posea las habilidades o herramientas necesarias para haber conseguido que el adulto y el niño se reconcilien entre sí de forma natural.

El proceso de sanación comenzará solo una vez hayas identificado las viejas heridas que atormentan a tu niño interior: traumas, maltratos, abandonos, muerte de familiares, acoso escolar... todas estas vivencias dolorosas del pasado necesitarán volver a salir a la luz para poder cicatrizar las viejas heridas, dejarlas atrás y avanzar un paso adelante en la vida.

Por último, tendrás que aprender las técnicas para lograr que tu adulto interior y tu niño interior se reconcilien y se conecten. En el momento en que logres perdonar a tu niño interior y aceptarle tal y como es, tus hemisferios derecho e izquierdo se reconectarán y tu adulto interior podrá vivir por fin en plenitud.

Para guiarte en esta gran expedición al centro de ti mismo, que te llevará a reconectarte con el niño interior y a comenzar el proceso de sanación, tienes a tu disposición una serie de herramientas, terapias y recursos, como la Terapia Regresiva Reconstructiva (TRR), la hipnosis clínica, la Programación Neurolingüística (PNL) o determinadas formas de psicoterapia, entre las que destaca la Gestalt. De todas ellas hablaremos más ampliamente en el capítulo 9.

En los próximos capítulos te guiaré de la mano en el análisis y la búsqueda de ese niño interior perdido en tu inconsciente, para luego descubrir cómo puedes sanar la herida interior y volver a reconectar con él.

Si aún no está claro y te preguntas ¿Quién es ese niño interior? Aquí ampliamos la explicación

Todos llevamos dentro a un niño en nuestro interior. La diferencia de cuanto de dormido o de desarrollado le tengamos depende de la atención que le hemos prestado a lo largo del tiempo, cuanto amor y comprensión, cuanto tiempo de juego, cuanta escucha de los pensamientos que le rondaban en su cabeza, cuanto hemos estado a su lado cada vez que se caía para animarle y hacerle avanzar en cada una de las aventuras a las que se enfrentaba en su vida...

Desde muy pequeños se nos van creando estructuras de comportamiento y vamos aprendiendo cosas en base a la imitación de lo que hay a nuestro alrededor. Hacemos lo que nos sale de dentro sin pensar demasiado si eso está bien o no ya que aún nuestro cerebro racional y enjuiciador no se ha desarrollado con plenitud. Por eso, cuando papá, mamá o quien sea nos regañan, nos quedamos dolidos sin entender bien cual es la razón para ello, sabemos que hemos decepcionado al adulto y que eso puede acarrear que nos deje de querer o incluso que nos abandonen o tiren a la basura. Por esa razón, tratamos a toda costa de hacer las cosas para agradar y ser aceptados por el adulto y cuando no es así pues llega el mensaje interior de "no sirvo". "soy una decepción". "me abandonarán", etc y nos encerramos en nosotros mismos guardándonos todo ese dolor dentro.

A través de la Terapia Regresiva Reconstructiva podemos retroceder y entrar en contacto con ese niño que no pudo asimilar las cosas y creó modelos poco acertados que aún en la actualidad siguen haciendo daño. Es en esos momentos cuando tenemos la oportunidad de recuperar esa infancia, de entender y liberar al niño que sigue atrapado repitiendo una y otra vez patrones de conducta insanos que solo conducen al encerramiento y al dolor.

Si queremos ayudar a otros, antes debemos ayudarnos a nosotros mismos, hacernos responsables y ser capitanes de nuestro propio barco manejando nuestro timón. Es necesario dejar de hablar de los demás, del daño que me hicieron, de lo poco que me entendieron, de lo diferente que soy en el mundo, en definitiva es dejar de sentirse "victima" y comenzar a actuar, a perdonar, a avanzar y moverse hacia el camino de la construcción y no el de la destrucción, pero todo debe ser por elección propia, ser capaz de quitarte tus caretas, mirarte al espejo y quererte. Comienza a descubrir quien es ese niño que hay dentro de ti, haz ese balance de tu historia, siendo capaz de estar en una perspectiva más amplia, mirar desde arriba y saber que para avanzar hay que perdonar y construir. Ama a tu niño interior y comienza a amar a las personas de tu entorno. Verás como dentro de ti surgirá una hermosa flor de amor que está sedienta de que la riegues a diario para poderte ofrecer su aroma.

El niño interior es esa parte tuya juguetona e imaginativa, amorosa y espontánea, creativa y amante de la aventura, curiosa, perceptiva, y sin embargo humilde y plena de admiración y gratitud.

El niño interior confía en que tanto la vida como el universo le prodiguen lo que él les pida. Y no se limita a permanecer sentado, sin hacer nada, ya que se halla muy ocupado viviendo la vida y haciendo lo que le proporciona alegría.

El niño interior posee una gran sabiduría. El sabe lo que verdaderamente produce deleite. No piensa en términos de límites y no juzga a nadie por sus diferencias.

El ayer no le provoca arrepentimientos, ni tampoco se preocupa de un mañana que aún no ha llegado. El gran poder del amor en su interior, capaz de resolver y disipar todo aparente problema, es su aliado y amigo.

Y es eso lo que tú realmente eres en cuanto retiras las caretas de temor y las limitaciones. Deja emerger ese amor que yace en tu interior y sé de nuevo ese niño.

Puedes tener una nueva aventura de descubrimiento y volver a jugar con la vida,

Venimos al mundo limpios, es el transitar por la vida quien nos contamina, mientras más niños seamos más fácil será el volver al camino de la pureza. Dejémoslo salir, conozcámoslo, seamos felices como ellos, alegres, espontáneos, curiosos, sinceros, habladores, creativos, no les preocupa el tiempo, ni los problemas y sus mentes están abiertas aprendiendo con rapidez.

Vivimos sumergidos en un mar de problemas, recuerdos, deseos materiales y afectivos, soñados pero no vividos, con miedo al tiempo que vemos como transcurre y no logramos cumplir esos deseos terrenales, sin darnos cuenta que lo terrenal es transitorio, mientras que lo espiritual es eterno. Esto significa que si somos inteligentes debemos darle prioridad a nuestro crecimiento interior y pasar de lo mundano a lo divino.

Los niños se molestan cuando no los dejamos hacer las cosas al instante, no entienden frases como "Más Tarde, Luego, Mañana" ellos todo lo quieren "Ya". Si nosotros fuésemos niños viviríamos el presente, el ahora y no nos angustiaríamos por un mañana que ni siquiera sabremos sí existirá para nosotros.

La misión de tener hijos no es para regañarlos, pegarles, verlos crecer y casarse. También los tenemos para tener con quien jugar, amar y evolucionar junto con ellos.

Muchos dicen que es un sacrificio criar hijos. Pero luego cuando los niños se hacen adolescentes, no hablan, nos ignoran y observamos que se alejan, es cuando apreciamos el error de no haber disfrutado del período de inocencia, el de las preguntas jugueteos y risas que ellos nos brindaban y nosotros respondíamos "ahora no porque estoy cansado, ocupado, viendo la TV o leyendo un libro, etc.".

Siendo niños volveremos a querer a nuestros padres con ese inmenso amor que les teníamos en nuestra infancia, así será más fácil perdonarlos por todo aquello que nos hirió y que posiblemente no recordemos.

El adulto, por distintas causas inherentes a él y al sistema social en el que vive, censura, se burla, inhibe, no escucha u y solo critica a los pequeños debido a su propia historia personal. De ese modo, el niño puede herirse y sufrir por la oposición entre lo que es y tiene para desarrollar, y lo que los padres u otros adultos esperan de él. Entonces crea la estructura imaginaria del "niño interior herido" formada a partir de las experiencias de maltrato, de desprecio, etc que realiza el adulto al niño real en los primeros años de su vida y que éste utiliza como un mecanismo de defensa para poder sobrevivir.

La inocencia y la paz que perdimos cuando dejamos la infancia. Por tanto, para autorrealizarnos debemos ponernos en contacto con él y aprender a vivir como niños, con la inocencia y la ilusión que tienen por la vida.

Y es que, cuando le encontremos, cuando le escuchemos, cuando le comprendamos, cuando le amemos y aceptemos... nos encontraremos, nos escucharemos, nos amaremos y nos aceptaremos... porque no hay nada más maravilloso que ser consciente de lo que uno es y amarse tan profundamente como para aceptar nuestros errores y nuestras virtudes.

El niño interno tiene un parte sana y una parte herida, la parte sana aparece cuando estamos despreocupados, alegres, actuamos en forma espontánea, decimos lo que pensamos, damos y recibimos cariño físico, nos damos gustos, estamos presentes en el ahora, conscientes de lo que somos.

El niño interno herido es quien aparece cuando actuamos de manera infantil, inmadura, irracional, cuando nos sentimos superados por el miedo, la rabia, la pena o el dolor y actuamos en forma desproporcionada al estímulo, cuando el maltrato, el desamor o el abandono de otros, nos hace sentir muy dañados y en general ante cualquier situación adversa, en que somos incapaces de ver lo que ocurre en forma objetiva y/o decidir con racionalidad adulta.

# 4 CONCIENCIATE DE LA EXISTENCIA DE TU NIÑO INTERIOR

La parte más importante de nuestro desarrollo espiritual se sitúa desde el nacimiento hasta aproximadamente los 5 años. Después viene otra etapa de reafirmación de lo aprendido que llega hasta los 8-10 años. Este período de la vida es de vital importancia en cuanto a las experiencias que se nos "graban" en el inconsciente y luego utilizará nuestro niño interior en la vida adulta.

El niño interior que nace con nosotros y aún no ha empezado a recorrer el camino, es decir el niño interior sano e inocente que es un lienzo en blanco por colorear de posibilidades. Este niño interior al principio de su camino se ha denominado también "niño maravilloso" o también "niño divino". Este último concepto fue acuñado por Jung en el marco de su teoría de los arquetipos. El arquetipo del "niño divino" es el símbolo del potencial que existe en nuestro interior para conseguir alcanzar un desarrollo espiritual pleno.

Imagínate un camino en invierno que nadie ha pisado todavía, recién cubierto por una gruesa capa de nieve virgen. Así es tu niño interior "divino". Pero, al pasar el tiempo, las pisadas se van marcando sobre la nieve, dejando su huella y en ocasiones enlodando el camino. Lo mismo sucede con tu niño interior. ¿Dónde ha ido a parar tu niño interior "maravilloso", entonces? Sigue ahí, aunque ya no es un territorio virgen, sino que en él está marcada la huella de tus vivencias y experiencias. Por desgracia, el potencial del "lo que podrá ser" ya no existe, sino solamente el recuerdo de "lo que pudo haber sido y no fue". Pero el niño interior sigue hoy todavía dentro de ti, aunque está tan sumamente enterrado en tu subconsciencia que tú ni siquiera lo sabes.

Y sin embargo, está ahí. Y sigue constituyendo la esencia de ti mismo, tu parte más olvidada y escondida, la fuerza que te motiva, que te inspira y que guía tu espíritu cada día.

Si eres una persona que disfruta de su vida con plenitud, que es capaz de seguir disfrutando de las cosas sencillas como cuando era un niño, que no tiene miedo a mostrar sus emociones y que es capaz de vivir plenamente… ¡Enhorabuena! Eso significa que estás en perfecta armonía con tu niño interior sano. Este no ha sido dañado por carencias, traumas o represiones en la infancia.

Por el contrario, un niño interior herido se manifiesta en un adulto de formas diferentes, pero por norma general es el condicionante que te hace desarrollar todo tipo de limitaciones, creencias irracionales, actitudes, emociones y sentimientos negativos. Las formas más usuales de reconocer a un niño interior herido son estas:

**Codependencia y problemas de autoestima**:

Personas que no se atreven a mostrar su auténtica identidad por miedo a que los demás les rechacen. Por lo tanto, "actúan" tal y como creen que deberían ser para ser aceptados. No son capaces de imaginarse una vida por sí mismos, sino que sienten una dependencia exagerada hacia las personas que les profesan afecto.

**Adicciones:**

Te habrás dado cuenta que muchas personas marcadas por una infancia difícil se refugian con frecuencia en el alcohol, las drogas, el juego u otras adicciones. Lo hacen para acallar su conciencia, el grito lejano de su niño interior furioso, atemorizado y abandonado.

**Dificultad en la relación con los demás:**

Personas con el conocido "carácter fuerte", que estallan rápidamente y se muestran furiosos e iracundos a la mínima de cambio; o por el contrario, personas con problemas de asertividad, que siempre asumen la responsabilidad, se culpabilizan y reaccionan con excesivo servilismo.

**Sentimientos de malestar**

Problemas de depresión, ansiedad, sentimientos de angustia... Son este tipo de personas que, sin llegar a tener problemas en su relación directa con quienes les rodean, se sienten en constante y profundo malestar consigo mismas.

**Enfermedades psicosomáticas:**

Existen numerosas enfermedades que no tienen explicación médica, y solo pueden ser atribuidas a un origen psicosomático. Son una prueba más de que un cuerpo no puede permanecer sano cuando lo gobierna un mundo psíquico que no está sano.

En general, John Bradshaw señala dos grandes tipos de referentes que apuntan a un niño interior herido: lo que él denomina las representaciones **exteriores** y las **representaciones interiores**.

Dentro de las representaciones exteriores incluiremos todos aquellos comportamientos, actitudes y sentimientos que reflejan la frustración del niño interior herido hacia el exterior de la persona. Entre otros, los adultos que tienen problemas de relaciones sociales; que gritan, amenazan o explotan de rabia, culpando al primero que se les ponga por delante; que poseen historiales de violencia física y psicológica... y en definitiva todos aquellos cuyos comportamientos nocivos van dirigidos a dañar a los demás.

Dentro de las representaciones interiores, por el contrario, se incluyen todas aquellas representaciones negativas que van dirigidas contra el propio adulto que las sufre. Es decir, sentimientos depresivos, situaciones de angustia, adiciones, autolesiones y eventuales suicidios. Son todas aquellas representaciones del malestar del niño interior que se vuelcan sobre nosotros mismos, que están encaminadas a infligirnos daño, bien sea físico o psíquico.

Quizás en estos momentos ya hayas descubierto dentro de qué grupo pueden incluirse tus tendencias dañinas. Eso es un gran paso adelante, puesto que si estás dispuesto a sanar a tu niño interior y volver a conectar con él, tienes que tomar acción para descubrirlo, conocerlo y comprenderlo.

En todo caso, ahora ya sabes que el niño que llevamos dentro es esa parte de ti que no entiende de normas sociales ni de mundo de los adultos. Es esa parte de nosotros que nos pide que no nos tomemos tan en serio las cosas de los adultos, que sigamos jugando y volviendo a los principios básicos de la infancia.

Tu niño interior es esta voz interna que a veces, con mucha concentración por tu parte, puedes escuchar dentro de ti. Una vez que le hayas ubicado y aceptes su existencia, descubrirás que es una parte muy importante de ti. Necesita sentirse querido y escuchado, por eso cuanto más consciente seas de que existe y de que está ahí en tu interior, menos le estarás reprimiendo. Además, la verdadera aceptación y concienciación de su existencia dentro de ti es un paso imprescindible en el camino para sanar las heridas emocionales.

Quizás ahora la siguiente pregunta que se te pasa por la mente es: "¿Cómo saber si el niño interior está herido o se conserva sano?" A continuación te indico una una serie de marcadores que pueden indicar una herida emocional interna. Así pues, es probable que tu niño interior esté herido cuando:

- ✓ Has perdido el camino o el interés por las metas, sueños y objetivos deseados.

- ✓ Tu vida actual está bloqueada o existen impedimentos para que seas feliz.

- ✓ El dolor del pasado pesa sobre tus hombros y el estrés no te abandona.

- ✓ Tienes problemas en las relaciones íntimas y de pareja.

- ✓ Tienes problemas de sueño: insomnio, pesadillas, pánico nocturno, etc.

- ✓ Sientes que el mundo se te vino encima y estas desesperado sin encontrar el camino adecuado.

- ✓ La incertidumbre es tu constante alimento.

✓ La prosperidad integral brilla por su ausencia en tu vida.

✓ Tus dolencias físicas persisten sin encontrar diagnóstico médico adecuado.

✓ Sientes que no puedes más.

Todos estos marcadores no son exhaustivos, sino los más comunes indicadores de un niño interior herido. Tampoco es necesario padecerlos todos a la vez para comprender que hay que tomar acción y comenzar a andar el camino para llegar a la sanación de tu niño interior. Te invito a seguir leyendo los próximos capítulos, que te ayudarán a recorrer el resto del camino.

## 5 CUÁNDO, DÓNDE Y CÓMO NACE EL NIÑO INTERIOR

El niño, cuando nace, posee un sentimiento innato de confianza y una mente abierta, maleable, podríamos decir que vacía de contenido, en la que irá almacenando vivencias, experiencias y recuerdos. Este niño somos nosotros mismos, pues el niño interior nace con nosotros y se va configurando a medida que vamos avanzando en la vida, para luego permanecer con nosotros, en lo más hondo de nuestro subconsciente, el resto de nuestra existencia.

A lo mejor ya no recuerdas cómo eras cuando eras un niño, tanto tiempo te parece que haya pasado ya. Sin embargo, todos los niños pequeños tienen una serie de características similares, que son inherentes a su naturaleza infantil. Quizás si lees las siguientes características, se te vengan entonces a la memoria recuerdos de cómo eras en aquel entonces:

- ✓ La inocencia infantil: todos los niños son por naturaleza inocentes. No conocen los segundos significados ni las dobleces con las que tendremos que lidiar en la vida adulta. No conocen la diplomacia: si algo no les gusta, les parece ridículo o no les resulta interesante, no se lo callarán.

- ✓ La curiosidad: los niños también son curiosos por naturaleza. Es natural a ellos querer investigarlo todo, saberlo todo. Tanto de forma motriz como verbal, se interesan siempre por el mundo que los rodea. ¡Quién no ha tenido en sus proximidades a un pequeño aventurero que abre cajones, se sube a taburetes y accede a los rincones más insospechados! Igualmente, es proverbial la insaciable curiosidad del niño que se encuentra en la etapa de los "porqués".

✓ La ingenuidad: al igual que las dos anteriores, es otra característica muy desarrollada en la infancia. Un niño no comprende las cosas que los adultos dicen o hacen más que de la forma general. No entiende de matices.

✓ La dependencia: obviamente, el niño siempre es dependiente de alguien que se convierte en su referente, bien sea su padre o madre, u otro cuidador. En un primer momento, normalmente se produce una relación de apego con la primera persona a la que accede el niño: la madre, que representa alimento y cobijo, pero más tarde este apego suele dividirse entre varias personas cercanas a él. La confianza y fe en los adultos de apego del niño es infinita. Esto está también en consonancia con la capacidad de amar del niño, que a continuación vamos a ver.

✓ La libertad: a pesar de ser dependientes de la figura adulta que representa para los niños la seguridad y la satisfacción de las necesidades primarias, los niños no entienden de otro tipo de límites. La naturaleza los ha hecho libres, pues la conciencia de limitación a esa libertad innata que posee el ser humano es totalmente aprendida.

✓ La capacidad de amar: los niños vienen al mundo diseñados para amar incondicionalmente. No importa si son maltratados o ninguneados por sus padres, ellos siempre se mantendrán fieles a este amor hacia sus mayores.

Como ves, te estoy hablando de características generales, que son comunes en general a todos los niños pequeños. Pero cuando esos niños crecen, van recibiendo poco a poco lo que comúnmente denominamos los "palos de la vida": abusos físicos, sexuales o emocionales de sus padres, de su círculo familiar, de sus pares u otros semejantes, y en general de la sociedad que le rodea. Cada vez que recibe un golpe, bien sea físico o emocional, la seguridad del mundo que él conoce se tambalea.

Así, poco a poco, el niño va creciendo y se convierte en adulto. Va dejando atrás estos valores de la infancia, no porque quiera sino desgraciadamente así debe ser si quiere sobrevivir en esta sociedad.

Mientras tanto, el niño interior que llevamos dentro se desarrolla a la vez que nosotros. Los valores infantiles han quedado atrás, pero en algún lugar de nuestro subconsciente siguen presentes, allá donde tú ya no puedes acceder ya conscientemente. Con un poco de suerte, los palos de la vida de los que hemos hablado no habrán afectado esencialmente a ese niño que fuiste y que aún conserva esos valores dentro de ti. Tu niño interior seguirá conectándose a su manera con tu mente lógica de adulto.

Por desgracia, en muchos casos esas lecciones aprendidas en el arduo camino desde la niñez hasta la vida adulta han dejado una huella profunda en tu interior. El niño que fuiste fue humillado, maltratado o ninguneado, y escondió sus traumas y frustraciones muy adentro de sí mismo. Como resultado, se ha quedado gritando en el vacío, rodeado de una inmensa sensación de soledad.

Por lo tanto, como acabamos de ver, el yo

subconsciente que constituye el niño interior nace con todos nosotros y se desarrolla en paralelo a nuestra mente consciente. Tanto quien vive en armonía con su niño interior como quien sufre la huella de una herida emocional profunda han experimentado un mismo desarrollo interior. Su origen es exactamente el mismo, la diferencia esencial es el condicionamiento a partir de la interacción externa que unos u otros niños han recibido durante la infancia.

# 6 LOS DIFERENTES ESTADOS DEL NIÑO INTERIOR

## 1. El niño herido

Como ya sabemos, una de las características innatas del niño es su confianza inquebrantable en sus adultos de apego, bien sean sus padres o cuidadores. Pero al tener plena confianza en alguien, no solamente los niños sino también los adultos nos hacemos vulnerables. Debido a esta vulnerabilidad, un adulto en el que el niño confía puede herirle profundamente aún sin ser plenamente consciente de ello.

Pongamos el caso de Pedro, cuyo padre siempre se burlaba de él porque "se comportaba como una niña" cuando lloraba. O de Diana, que a causa de un ligero estrabismo y algo de sobrepeso nunca fue la muñeca preciosa que su madre deseaba. Ambos se sintieron despreciados y ninguneados por sus adultos de confianza, y por lo tanto, heridos en lo más profundo.

## 2. El niño abandonado

El niño abandonado no es exclusivamente el resultado literal de un abandono paterno/materno, sino que se viene a corresponder con el arquetipo jungiano del huérfano: víctima de una pérdida temprana.

La herida interior que puede provocar la pérdida de un ser querido en un niño es enorme. En algunos casos como el de Marcos, cuyo papá les abandonó a su madre y a él cuando él tenía 5 años, la aceptación tarda en aparecer, y así Marcos se pasó años fantaseando con la idea de que su padre en realidad no había querido marcharse, sin que algo le retenía para volver con él y con su madre. En otros casos, como el de Elena, una niña a la que su padre también abandonó cuando tenía 11 años, el niño experimenta rabia y frustración por no poder hacer nada para evitarlo. Pero así se sentía también Matías, un hombre cuya mamá se murió de un cáncer cuando él tenía 7 años. La rabia de Matías ante el abandono y la deserción de su madre eran enormes, aun cuando ella no pudo hacer nada para evitar su propia muerte. Pero recordaremos que los niños piensan con su propia lógica, y de forma egocéntrica: todos los fenómenos que suceden a su alrededor suceden por y para ellos.

El niño interior abandonado se manifiesta en la edad adulta por la creencia dominante de que "no merece tener". Él sufrió la indiferencia de sus mayores (o lo que él interpretó como indiferencia) cuando era un niño, por eso sigue creyendo que no se merece el amor de otras personas. Suele ser codependiente, y en casos extremos, algunos pacientes adultos cuyo niño interior está profundamente herido a causa de un abandono confiesan vivir fingiendo en una especie de teatro vital, pues temen que, si se muestran tal y como son, no se merecerán la atención ni el afecto de nadie.

## 3. El niño abusado

El abuso a un niño por parte de los adultos puede ser tanto verbal, como físico o sexual. El abuso físico es fácil de detectar, pero las barreras del abuso verbal o psíquico son mucho más complicadas de establecer, y quizás en ciertos sentidos también el sexual. Un padre o madre que lava el cerebro de sus hijos con ciertas ideas políticas, culturales o sociales está abusando mentalmente de la confianza y dependencia infantil hacia sus padres. Un adulto que trata a su hijo como un igual en ciertos temas, tal y como hacía por ejemplo la madre de Susana, contándole sus frustraciones sexuales para con su padre, está ejerciendo una especie de abuso sexual sobre sus hijos. Pero también pueden considerarse abusos por parte de los padres ciertas conductas de explotación emocional e incluso física de los hijos. Así, algunos niños se convierten en el "paño de lágrimas" de unos padres insatisfechos, otros tienen que hacerse cargo de hermanos más pequeños desde muy jóvenes, etc.

El rasgo principal de un niño interior abusado es un adulto excesivamente rígido y preocupado por las normas. Además, suele vivir en constante competencia con las personas que le rodean, envidiando lo que sucede a los demás o lo que estos poseen, y pensando que él o ella nunca tendrá acceso a tales beneficios.

## 4. El niño despreciado

Los comentarios peyorativos, a veces realizados casi sin darnos cuenta, pueden dejar una profunda huella en el niño. El caso de Andrea es obvio, pues su madre, alcohólica y a su vez también víctima de un padre abusivo, no dejó de repetirle durante toda su infancia que no valía para nada y que ni siquiera había sido deseado su nacimiento. Sin embargo, otros casos, como el de Ana María, son mucho más sutiles. Ana María siempre tuvo que escuchar cómo su madre comentaba que ella nunca sería brillante ni destacaría porque no era demasiado lista. "No da para más", decía su madre, y luego la miraba meneando la cabeza con tristeza. Ana María se sentía profundamente despreciada por su madre, comprendiendo que no se merecía su amor ni estaba a su altura, simplemente por ser como era.

Esta herida emocional es muy profunda en el adulto. Suelen ser personas que llegan incluso a cuestionarse su derecho a existir, y viven constantemente en la paradoja de propiciar situaciones en las que son constantemente rechazados. Por ejemplo, la niña Ana María, cuando se hizo mayor, se convirtió en una perdedora nata que cada vez que no conseguía sus objetivos pensaba que era "porque no daba para más". Así, si la rechazaban en una entrevista de empleo, si su relación sentimental se rompía, si no conseguía sacar el permiso de conducir tras tres intentos, se encogía de hombros pensando que era lógico lo que le pasaba porque "no era lista" y "no daba para más".

## 5. El niño humillado

La humillación del niño puede provenir de infinidad de fuentes: humillado por sus padres por no saber, no comprender, fallar, hacer el rídículo... pero también por sus compañeros de escuela o la sociedad en general. O quizás sentirse humillados a sus propios ojos por ser diferentes. John Bradshaw habla de la "vergüenza recurrente". Él mismo sentía de niño la humillación de asistir en autobús a una escuela donde todos sus compañeros eran recogidos por sus padres en grandes autos. El autor confiesa que esta humillación y vergüenza de clase le han perseguido toda su vida.

El niño humillado suele asociarse más con afrentas perpetradas por su madre. La madre puede contar que el niño fue un "accidente fortuito" o un "hijo de la vergüenza", que es sucio, que no se lava, que su atuendo le queda ridículo... En resumen, contar las miserias de su hijo a los cuatro vientos. Pero también puede darse esa humillación dentro del ámbito de la escuela y las relaciones sociales. El *buying* cada vez más frecuente en las escuelas es un buen ejemplo de esto.

El adulto con un niño interior humillado suele ser propenso a las adicciones, puede tener disfunciones sexuales e incluso llegar a tener comportamientos masoquistas (disfruta haciendo sufrir a los demás).

6. El niño traicionado

Surge cuando en la infancia el niño siente que sus padres o cuidadores son recurrentemente injustos con él. Sentirse traicionado puede adquirir muchas formas diferentes en la mente de un niño: puede ser en el sentido literal, como una traición producto de un abandono, pero puede sentirse utilizado por sus padres, o sustituido por otros hermanos, o traicionado por revelar sus secretos, injustamente castigado... La herida de traición también deja una huella muy profunda, y los adultos que sufrieron este trauma en la niñez suelen ser celosos y desconfiados.

## 7. El niño asustado

No hay nada peor para un niño pequeño que no tener a nadie a su lado que le abrace cuando tiene miedo. El niño interior habrá seguido manteniendo esa sensación de miedo y soledad ocultándose temeroso en tu interior. El niño asustado no es en sí mismo una consecuencia de un comportamiento dañino recibido durante la infancia, sino que es común a todas las heridas infligidas.

# 7 EL ANTAGONICO DE CADA ESTADO DEL NIÑO INTERIOR

Como ya sabrás, la palabra "antagónico" es un sinónimo de contrario u opuesto. En general, ya hemos visto que hablamos de "niño herido" en el caso de un niño interior con cualquier tipo de brecha emocional, mientras que un niño interior en perfecta armonía con el adulto actual es un "niño sano". Pero en  el capítulo anterior también hemos visto cuán diferentes pueden ser los estados del niño interior herido, dependiendo de los factores emocionales que hayan marcado su infancia.

Este capítulo lo dedicaremos, por el contrario, a analizar los diferentes estados o facetas en que puede encontrarse un niño interior herido, y su pero ahora vamos a analizar su contrario: los diferentes estados o facetas por los que puede pasar un niño interior sano.

## 1. El niño sano vs. el niño herido

El adulto del presente cuando fue niño o niña y fue herido o lastimado física y emocionalmente, creció con el miedo y la creencia que la vida es dolor, maltrato y sufrimiento, por consiguiente en el camino de su larga  siempre encontrará dolor y personas que le lastimen constantemente, pues como dice Louise Hay, si cuando somos niños nos lastiman, abusan o traumatizan de algunas formas nuestros padres, cuidadores o adultos del entorno luego, aun sin darnos cuenta, vamos por la vida buscando personas que sigan repitiendo su patrón de abusos y maltratos.

Teniendo en cuenta lo anterior, es muy común encontrarse personas que cumplen con este patrón. Es particularmente común en aquellos que tienen diferentes relaciones de pareja, un compartimento de su vida donde entran y salen personas como muchedumbre que desfila constantemente a ver su pobre suerte o desgracia personal.

**Su antagónico sería el niño sano:** Un ser espontáneo que con su sonrisa conquista y llena de luz su entorno, que establece vínculos y relaciones afectivas duraderas que perduran y dan buenos frutos como un árbol sano y frondoso, cuyas raíces reposan en tierra sana y abonada.

## 2. El niño elocuente vs. el niño abandonado

El niño abandonado puede ser la consecuencia de una o varias pérdidas significativas de seres queridos, pero también el primer día en el jardín o escuela. Es allí donde el niño experimentó la sensación de abandono cuando sus padres le llevaron y dejaron en un lugar extraño a cargo de personas desconocidas, donde había otros niños y niñas que como él se desbordaban en llanto por haber sido "abandonados" allí. También pudo experimentar ese abandono cuando se sintió excluido dentro de las actividades familiares, por ejemplo ante el nacimiento de un nuevo hermanito. Un niño puede experimentar cualquier situación de exclusión como un abandono, y cualquiera de estas causas puede producir un desenlace emocional con el cual, en la actualidad de adulto, este constantemente está llamando la atención para ser tenido en cuenta. En su vida adulta se convierte en una persona obsesiva y dominante con las personas cercanas, tales como los familiares, su pareja, sus hijos y sus amigos, pues teme ser abandonado nuevamente.

**Su antagónico sería el niño elocuente:** El niño o ser elocuente cuyas palabras, presencia, compañía y capacidades van acompañadas de aceptación y recepción amorosa de familiares, amigos y sociedad en general que entran en contacto con él, en un mundo maravilloso donde solo ve luz, amor, aceptación y compartir.

## 3. El niño libre vs. el niño abusado

Ya en el capítulo 4 se especificó de forma profunda sobre el niño abusado y hablamos de dos clases de abusos: el físico y el emocional, siendo este último muy complejo por su difícil detección.

Ahora bien, todo tipo de abuso en un niño impide la libre expresión de sus emociones, opiniones y sentimientos, llevándolo al rincón del aislamiento social.

Un adulto que de niño haya recibido algún tipo de abuso, donde el abusador le impidió defenderse, denunciar u opinar, por imponer sobre él sus ideas o conductas, es una persona a la que le cuesta mucho establecer vínculos sociales con otros seres humanos, pues su apego a las reglas y normas harán de él un ser muy psico-rígido, imposibilitado para disfrutar con libertad de la vida.

**Su antagónico sería el niño libre:** Piensa por un momento que eres un niño feliz, que se encuentra en el campo, rodeado de árboles, pájaros y flores. Sienta el perfume de las plantas y flores del lugar, la suave brisa o caricias del viento en su cara, además que escuchas los pájaros cantar sus hermosos himnos o cánticos alegres a la vida, que hay un día soleado con cielos azules y que puede ver ese hermoso paisaje rodeado por montañas. Un escenario donde juegas, saltas, te tumbas por el piso con otros niños, persigues una mariposa amarilla de ojos negros que reposa sobre las verdes hojas de un árbol, allí jugando con otros niños, donde te siente plenamente en paz. Eso sería la libertad.

Los niños, por naturaleza, son libres en su conciencia desde el mismo momento en que nacen. No entienden de barreras ni limitaciones. Al niño abusado se le cortó bruscamente esta capacidad de vivir en libertad de forma natural. En la actualidad, ese adulto que de niño fue abusado anhela recuperar esta capacidad con todas las fuerzas y potencialidades de su alma. ¿Cómo sería tu vida en este momento si fueras tan libre y feliz como el niño que juega en el campo?

## 4. El niño valorado vs. el niño despreciado

Cuando el adulto del presente fue rechazado en la niñez o incluso ya en el vientre materno, es muy difícil que se asocie o vincule, bien sea directa o indirectamente, con el éxito o con personas exitosas. Mientras ve que la lluvia de bendiciones cae sobre las personas de su entorno, solo encuentra fracaso en su vida. Él conoció personas debajo de donde él se encuentra que, en la actualidad, están en la cúspide del éxito personal, mientras que a él nada le funciona. Cuando vienen las oportunidades a su vida la sensación de no merecimiento emerge desde las profundidades de su ser, donde ese niño abandonado le dice que no lo haga, que va a fracasar, que es un perdedor, que no vale la pena o lo suficiente, inmortalizando así el eco de las palabras de su padre, madre o personas que le despreciaron en su niñez.

Una persona con esta situación o vivencia de desprecio en la niñez tiende a la soledad, se conecta con personas de vida social y emocional semejantes y es muy común encontrar en ellas ideaciones suicidas. Todo ese bagaje de desprecio en su interior y el no tratamiento o afrontamiento adecuados, la depresión severa y profunda termina llevándolos al abismo del suicidio, pues al no sentir gozo, placer, alegría y felicidad por la vida la visión se torna borrosa para ver otros caminos u opciones para continuar, sus pensamientos se convierten en gritos desesperados de autorechazo y allí, en ese terrible escenario de dolor existencial, la única puerta o salida que ven es el suicidio.

**Su antagónico sería el niño valorado:** Cuando se tiene la autoestima en un nivel superior al del desprecio. El ser humano disfruta de su poder y valía personal, que le lleva a conquistar nuevos horizontes donde la vida en todas sus manifestaciones se convierte en un exquisito escenario para celebrar la existencia, donde valores, destrezas, capacidades y competencias hacen su aparición para elevarte al más alto rango de tu éxito integral. Entonces verás que la lluvia de bendiciones también es para ti, experimentarás cambios tan poderosos y maravillosos que la gratitud y amor a tu nuevo estilo de vida te llevarán a servir y ayudar a otros a ser tan felices como lo eres tú.

## 5. El niño honesto vs. el niño humillado

El haber recibido humillaciones por parte de sus padres, parientes cercanos, compañeros de la escuela o de la sociedad convirtieron la vergüenza en su pan y alimento, hicieron de ese niño en cuestión un ser duro, egoísta, hostil y con tendencias masoquistas.

Es común que en la vida adulta le cueste tener buenas relaciones sexuales y sentimentales con su pareja. También son personas propensas a tener accidentes, a actuar torpemente, a infringirse dolor, a consumir sustancias psicoactivas, anarquistas que no respetan las leyes establecidas.

Desarrollan una personalidad violenta con la que gozan haciendo sufrir a los demás. Si en el principio de sus días fueron humillados ellos también lo harán con otros, en un acto de rebeldía y venganza social por lo sufrido en la niñez.

**El antagónico sería el niño honesto:** Ser honesto, respetado, glorificado o exaltado por la sociedad. Este es uno de los opuestos que a mí particularmente más me gusta en ese proceso de sanar el niño interior.

Por más de 18 años en el campo terapéutico y 15 trabajando con la figura del niño interior, me he encontrado con casos de pacientes que al concluir están recuperados completamente, ya que toda hostilidad y masoquismo desaparecieron; y después de ver pasar los años y constatar que la mejoría se mantiene en estos pacientes, esto provoca que mis ojos se humedezcan de felicidad al confirmar que sanando el niño interior los seres humanos no solo pueden ser más felices sino que, como en este caso específico, las personas son vistas como seres honestos, sanos y equilibrados emocionalmente, con quienes se pueden establecer relaciones saludables, confiables y duraderas.

## 6. El niño leal y recto vs. el niño traicionado

La traición en la niñez por parte de sus padres, familiares o adultos del entorno puede resultar desastrosa en la edad adulta.

Esa deslealtad sufrida en esa etapa de la niñez, cuando se está configurando todo el conjunto de vivencias, creencias, estructuras y esquemas de personalidad es fatal para el inocente niño. Luego irá creciendo con desconfianza en los otros seres humanos y, desafortunadamente, como esa emoción traumática de la traición queda grabada en su corazón de acuerdo a la vivencia, con el tiempo será como tierra desértica que anhela ansiosamente el agua temprana de los cielos.

Al quedar en su inconsciente esa mala experiencia de la traición, la desconfianza en el género humano irá creciendo con los tiempos y al hacerse adulto esta desconfianza, traída desde la niñez como resultado o fruto de esa podrida semilla de la humillación, reventará como un problema mucho más delicado, los **celos,** que serán el fruto final de dicha humillación.

Muchas de las personas que hoy son excesivamente desconfiados y celosos (que presentan **celotipia**) sufrieron humillación en su niñez y sabemos los desenlaces tan trágicos que tienen las personas con este terrible trastorno **celotípico**.

**El antagónico sería el niño leal y recto:** Representa una persona decente, integra, honrada, respetada por los demás, admirada y digna de imitar o modelar. En definitiva, un adulto sano que confía en sus semejantes y los respeta, sin rastro de esta celotipia tan propia del niño traicionado.

## 7. El niño poderoso vs. el niño asustado o con miedo

Son diversas las causas por las cuales una persona adulta tiene miedo, sin embargo, como todo lo anterior, ese miedo se pudo haber generado en las primeras etapas de la infancia o en el vientre materno.

En el campo terapéutico, usando la Terapia Regresiva Reconstructiva como principal herramienta de trabajo sanador, me encuentro constantemente que las personas que se asustan con facilidad o les da miedo todo o muchas cosas, traen esa sensación energética y emocional desde los primeros años de vida o, en ocasiones, desde el vientre materno.

Voy a citar un caso puntal para ejemplificar lo que sucede con un paciente en caso real, donde el nombre del paciente es cambiado por respeto a su intimidad.

Juan tiene 55 años de edad, es un importante ejecutivo de finanzas en una multinacional y por causa de su cargo le toca estar viajando constantemente por varios países del mundo dictando conferencias, formando y apoyando académicamente a los gerentes de las otras compañías.

Sin embargo, a pesar de que es un hombre importante y exitoso con muy buenas ganancias a nivel económico, reconocimiento internacional y muy buen futuro dentro de la compañía, tiene un problema que le está dificultando su vida profesional. Cuando se presenta a consulta lleva tres meses sin poder dormir bien, debido al temor a los aviones, a pesar de que llevaba más de 22 años volando alrededor del mundo, tres meses atrás ocurrió algo que cambió su vida significativamente. El avión donde venía presentó fallas antes de aterrizar y vivieron un momento de mucho temor e incertidumbre, pensó que iba a morir. Afortunadamente aterrizaron y nadie salió herido a pesar de la emergencia y lo brusco que fue dicho aterrizaje. Tres días después el mismo avión se vino a tierra y murieron todos sus ocupantes.

Después de eso él entró en pánico y no volvió a subirse en un avión, la compañía estaba perdiendo muchísimo dinero debido a que Juan no estaba cubriendo los compromisos en los países donde tenían presencia y capacitar a alguien más para dicho trabajo les costaría tiempo y dinero.

Después de hacer talleres para perder el miedo a volar, su miedo en lugar de disminuir se aumentaba. Visitó un psicólogo que viéndole tan grave inmediatamente le remitió con un psiquiatra, quien le formuló ansiolíticos y tranquilizantes. Estos medicamentos no le sirvieron pues, una vez pasaba el efecto del psicofármaco, el temor estaba allí esperando por él. Entró en desesperación y optó por renunciar a la empresa y a su trabajo, pues él juraba que nunca más volvería a montarse en un avión.

La mañana que fue a presentar su carta de renuncia su jefe no se la aceptó y el gerente de recursos humanos le sugirió un último intento: practicarse una regresión terapéutica. El accedió. Cuando llegó a mi consulta lo primero que preguntó fue que si eso dolía y con un poco de humor le conteste que si estar feliz y libre de temores, durmiendo plácidamente toda la noche y estar sano emocionalmente es doloroso, que yo quería ese dolor.

Luego, estábamos trabajando en su temor a los aviones cuando, dentro de la regresión, se fue a unos dos meses antes de nacer. Según él, se encontraba en el vientre materno cuando su madre se asustó mucho al recibir la noticia de la muerte de su esposo en un accidente aéreo en un avión militar.

Cuando Juan conectó con esa experiencia se dio cuenta que su miedo a volar no dependía del avión donde él viajaba y que casi se desploma, sino de la parte inconsciente de ese niño que pierde a su padre antes de nacer. Luego, al ser consciente, fue más fácil sanar ese temor a la pérdida de su padre y por consiguiente el temor a volar.

Es difícil olvidar este caso en particular de esta persona, a quien he llamado Juan, porque fue un proceso muy profundo que me permitió descubrir que los miedos están enmascarando problemas de los cuáles a veces no tenemos ni idea de ellos. Gracias doy a Dios y a la vida por permitirme ser terapeuta y sanador, pues cuando recuerdo estos casos me doy cuenta del poder que tenemos los terapeutas en nuestras manos siempre y cuando contemos con las herramientas adecuadas y prestemos nuestro servicio a los demás con amor.

**El antagónico sería el niño poderoso:** En este caso, el niño interior en el adulto naciente será un ser ilimitado donde descubre su poder oculto e interno que le llevará de la mano a la cima de la montaña del triunfo, donde al final de la tarde se sentará a contarle a sus hijos, nietos y demás descendencia, de las proezas alcanzadas al vencer el demonio del temor que sólo era una pequeña partícula en sus recuerdos que le generaba malestar generalizado en su vida, incapacitándolo para la acción. Si él pudo vencerlo, tú también puedes hacerlo y alcanzar tu grado de felicidad deseado. Pues en ti está la totalidad de las posibilidades y sanando el niño interior serás mucho más feliz.

Quizás mientras estabas leyendo esto has sentido la necesidad imperiosa de volver a notar en ti mismo todos los sentimientos positivos que se atribuyen a los diferentes estados del niño interior sano: la libertad del niño libre, la autoestima del niño valorado, la fuerza interior del niño poderoso… Pero tú mismo puedes conseguir sentirte así, ¡simplemente sanando tu niño interior! Te invito a continuar el largo viaje hacia esta sanación. En el siguiente capítulo vamos a profundizar en la herencia emocional que recibimos de nuestros padres y antepasados y cómo afecta esto a nuestro niño interior.

# 8 HERENCIA, FANTASMAS Y CREENCIAS DE NUESTROS ANTEPASADOS

En este caso, al hablar de herencia, no me estoy refiriendo a las hectáreas de campo de labor que el abuelo nos dejó en su testamento, ni a los broches antiguos de la abuela. Me refiero a una herencia mucho más íntima e ineludible, la herencia inmaterial que recibimos de ellos a través de su educación y su genética.

¿Heredan los niños los miedos, actitudes y comportamientos de sus 7padres? Y si esto es así, ¿es este comportamiento innato o aprendido?

Según opinan los expertos, la herencia proviene en parte de la información genética que recibimos de nuestros padres pero también en gran medida de los comportamientos que aprendemos de ellos.

Esto significa que no solamente heredamos de

nuestros padres el color del pelo o de los ojos, sino la predisposición para adoptar determinados rasgos o características en nuestra trayectoria vital. Esto no significa en sí mismo que lleguemos a desarrollar estos rasgos en un 100% de los casos, sino que estamos especialmente predispuestos a desarrollarlos.

Por ejemplo, un niño que recibe una herencia genética en la que existe una predisposición a la melancolía y la depresión, tendrá probablemente al menos uno de sus progenitores con esta tendencia también. Si además en su proceso educativo sus padres le inculcan ciertas creencias basadas en el pesimismo y el derrotismo, es bastante probable que esta tendencia a la depresión se vea plenamente desarrollada.

Por otro lado, esto puede desencadenar también una reproducción de patrones que se repite de padres a hijos. No es raro que los padres de un adulto con problemas de alcohol u otras adicciones hayan tenido también una infancia o una adolescencia difícil. Los niños que han experimentado maltratos, bien sean físicos o verbales, durante la infancia, probablemente tengan unos padres a los que a su vez sus padres hayan enseñado a solventar así sus problemas.

Esta noción de repetición de patrones y transmisión de creencias de padres a hijos es esencial para poder comprender y ayudar a sanar a nuestro niño interior dañado, puesto que para poder iniciar el proceso de sanación deberás perdonarle antes. Y para perdonar a tu niño interior tendrás que perdonar también a quienes te lastimaron, humillaron, abandonaron o maltrataron durante la infancia.

Pero, ¿cómo perdonar a tus padres por haberte transmitido sus miedos, frustraciones, traumas y carencias emocionales? Pues esto será mucho más sencillo si comprendes que en ellos también existía un niño interior frustrado, traumatizado, angustiado y furioso. Es decir, su niño interior también era, a su vez, producto de la relación violenta o inadecuada con sus propios padres. Y probablemente el patrón se habría repetido también con las generaciones anteriores.

Así pues, tenemos el caso de Marta, que siempre escuchó cómo su madre les hablaba a ella y a sus hermanas lo malvados e insanos que eran los hombres. Degenerados, pervertidos, sucios, inconstantes… Las tres hermanas crecieron con la sensación que los hombres pertenecían a una especie diferente, violenta y peligrosa. Ninguna de las tres consiguió nunca una relación estable. Marta sufrió los malos tratos de varios hombres violentos, su hermana Laura solamente conseguía fijarse en hombres casados y la pequeña vivía en una constante situación de promiscuidad, sin conseguir comprometerse con ningún hombre. Las niñas interiores de estas tres mujeres resultaron seriamente dañadas por causa de su madre. Pero a su vez su madre era víctima de la ira y la frustración de su niña interior, que lloraba en su interior por los abusos sexuales a los que se había visto sometida por parte de su padre cuando era pequeña.

En resumidas cuentas, todos somos producto de nuestro pasado. Suele decirse que la historia se repite, pero en el caso de la herencia padres/hijos esto se hace ciertamente mucho más evidente. Según la psicóloga Victoria Cadarso los padres se hallan influenciados por los patrones repetidos de al menos siete generaciones hacia atrás, mientras que los hijos, si a su vez tienen hijos influirán en, por lo menos, siete generaciones posteriores.

Además, una acción ineludible en el proceso de sanación del niño interior es el perdón a todos los que te hicieron daño cuando eras niño. Por eso no debes pensar que tus mayores eran malos padres o abuelos, cuidadores... simplemente su niño interior también estaba seriamente dañado.

# 9 NUESTRO LUGAR EN LA FAMILIA

Según la perspectiva de la Teoría de las Constelaciones familiares, las familias extendidas son grupos sociales complejos en los que todos tienen un lugar y cumplen un papel, y además el papel de cada uno se ve influido por el de los demás.

Obviamente, la voz de nuestro niño interior se vio profundamente influenciada durante nuestra infancia por no solo nuestros padres sino otros miembros familiares. Por ejemplo, el caso de esa niña que sufrió abusos por parte de un tío; o aquel niño despreciado y humillado por su abuelo, porque le recordaba demasiado al niño que había sido su propio padre (al que su vez también maltrató). Cualquier miembro de nuestra familia extendida puede ejercer el papel de maltratador de nuestro niño interior.

Lo interesante para nosotros de este sistema terapéutico, desarrollado por el doctor Bert Hellinger, es que estudia las relaciones energéticas entre los diferentes miembros de la familia, es decir, no necesariamente solo entre padres e hijos. Podría ser que dentro del núcleo familiar general hayan existido o existan relaciones conflictivas o violentas, que no afectan o hayan afectado a la persona directamente pero sí las haya vivido de forma traumática cuando era niño.

Por otro lado, no es necesario formar parte de una familia disfuncional para sufrir hoy día las consecuencias de determinadas carencias. Por ejemplo, una dependencia demasiado excesiva entre determinados miembros de la familia, aunque no resulte traumática de por sí tampoco constituye una relación sana ni ayuda a desarrollar un carácter íntegro e independiente.

Así pues, analizar y conocer nuestro lugar en la familia consiste no solo en estudiar relaciones existentes con nuestros padres y hermanos, sino todos los vínculos que enlazan a todos los miembros del grupo familiar. Solo así podrás llegar a descubrir cuál es tu lugar dentro de la complejidad del gran grupo, y qué asuntos no resueltos existen dentro de la configuración grupal.

Ya hemos visto cómo los padres, abuelos y otros antepasados tenían su propio niño interior, su propia voz del subconsciente que dañaba a su vez a las generaciones posteriores. En este sentido, al buscar nuestro lugar dentro del grupo familiar y estudiar las complejas entre todos sus miembros, no debemos perder de vista este ángulo de visión: todos los miembros de nuestra familia poseen su niño interior, que también puede estar tan dañado y herido como el nuestro.

Además, la familia entendida de esta forma opera como un sistema social cerrado, en que si uno o alguno de sus miembros altera el equilibrio, otro u otros puede compensarlo mediante un carácter diametralmente opuesto a quien provoca el desorden.

Sin embargo, en un sistema familiar rígido, con papeles o roles no flexibles, cuando se produce una alteración no existe este principio de compensación del equilibrio roto.

# 10 EL NIÑO INTERIOR: ANGEL O DEMONIO, SABIO O SABOTEADOR

El niño interior, como niño que sigue siendo dentro de ti, responde a los valores de la niñez tales como confianza, amor, protección... Puedes pensar entonces que es una faceta tuya subconsciente que representa la inocencia y la tranquilidad.

Pero el niño interior también tiene su lado oscuro. Recordaremos el refrán que dice "Quien bien te quiere te hará llorar", o aquel otro de "Hay amores que matan".

Y así son las dos caras del niño interior. El problema, como tantas y tantas otras cosas en la vida, es la interpretación. Así pues, cuando esa parte de tu subconsciente a la que tú no puedes acceder con tu hemisferio izquierdo encuentra una solución sabia a tu problema, tú puedes considerarle un saboteador. Cuando él cree ser un ángel salvándote la vida, tú le consideras un demonio que no te deja vivir en paz.

Acaso no entiendas bien de lo que te estoy hablando, pero entonces déjame que te cuente sobre Patricia y Jorge.

Patricia es una mujer como otra cualquiera. Tiene 35 años, es alegre, optimista y sociable. Sin embargo, tiene un problema: no es capaz de hablar en público. En cuanto se pone delante de unas cuantas personas dispuestas a escucharla con atención, se bloquea, empiezan a sudarle las manos, el corazón le late desbocado y empieza a tartamudear.

De niña, Patricia sufrió las envidias de una compañera de clase en la escuela primaria, que la acosaba y despreciaba en cuanto tenía oportunidad. Una de las cosas que su compañera solía hacer era burlarse de ella y de lo mal que lo hacía cada vez que Patricia tenía que hablar en público ante la clase. La niña Patricia, como es lógico, se sentía muy triste ante estas situaciones

La niña interior de Patricia pronto registró este

malestar que ella sentía cada vez que tenía que hablar ante la clase, grabándolo profundamente en su conciencia. Por eso, decidió que la mejor manera de evitar que otros se burlaran de ella cuando hablase en público, era evitar por todos los medios que sucediese esta situación. ¿Adivinas qué pasó entonces? En cuanto la niña interior, desde su escondido rincón del subconsciente, registra una situación en la que el rol se repite, inmediatamente pulsa el *play* para que se repita el patrón que bloque a Patricia.

La niña interior se siente plenamente satisfecha de su solución, ya que, desde su perspectiva, su estrategia funciona: mientras Patricia no hable en público, nadie se burlará de ella por este motivo. La niña interior puede considerarse un auténtico genio, mientras que Patricia la considera una auténtica saboteadora que la impide funcionar con normalidad.

Vamos ahora al caso de Jorge, un adolescente de 17 años, sin problemas ni traumas infantiles que pueda recordar y una vida social muy saludable. Él tiene un problema desde que pueda recordar, y es que le da pánico meterse en aguas profundas. Y por profundas me refiero a algo que le alcance más o menos el pecho. Tanto en la alberca como en la playa, le aterroriza pasar más allá de un nivel del agua que le suba de la cintura, temiendo perder pie y ahogarse.

Aunque Jorge no pueda acordarse, cuando era un niño de unos 3 años se cayó en la alberca y estuvo a punto de ahogarse. El agua era poco profunda, y él estaba jugando de pie en una zona en que en principio no era peligrosa. Sin embargo, se resbaló y se fue a caer bocabajo. Al ser aún muy pequeño, no pudo incorporarse solo, sino que un adulto tuvo que venir a ayudarle. Fueron unos pocos segundos tremendamente angustiosos.

A partir de este momento, solo con un afán de protegerle, su niño interior le recuerda constantemente que, aunque el agua sea poco profunda, sigue siendo peligrosa. Y esto lo hace desde su subconsciente, solo en un afán de proteger a Jorge y salvarle de lo que él considera un peligro. Sin embargo, la vida de Jorge se ve condicionada constantemente por su problema, ya que si va con sus amigos a la alberca por el verano, siempre tiene que inventar una excusa para no lanzarse al agua. Y en la playa ya ni digamos... le aterroriza ver venir las olas contra su cuerpo. Pero solo así consigue estar "a salvo", ya que nunca se aventura a entrar en el agua más allá de lo que él considera una profundidad segura (es decir, más allá de su cintura, como muy arriba). Por lo tanto, su niño interior le está "protegiendo" de un supuesto peligro. ¿Ángel o demonio? Juzga por ti mismo.

Vamos a ver ahora el caso de Elena. Ella tenía un temor que quizás sea mucho más lógico y racional que el de Patricia o Jorge: su pánico a volar en avión.

Sí, realmente son miles las personas que se niegan a subir en avión, y si lo hacen suele ser en estado de terror o adormilados por medio de los calmantes. Pero esto no es tan extraño si te explican sus razones: un avión está suspendido en el aire, le separan 10 km de la tierra firme, y no ha posibilidad de bajarse "en la próxima parada" si no nos gusta el viaje.

Pero además, Elena no soportaba las alturas en general: ni los ascensores panorámicos, ni los miradores, ni siquiera la noria del parque de atracciones. Su terror a subirse en avión se hacía extensible a todo un catálogo de fobias referentes a verse en las alturas.

No fue hasta que años después, durante una terapia de regresión, Elena revivió una escena en que su madre la regañaba diciéndole que tenía que tener "los pies en la tierra". Entonces recordó que esta era una frase muy utilizada por su madre para indicarle que no debía ser tan soñadora. De ahí que su niña interior interpretó literalmente la expresión de su madre, bloqueando toda posibilidad de que sus pies se moviesen ni un milímetro del contacto con el suelo. El auténtico miedo de Elena era el de sufrir la desaprobación materna, pero su niña interior "sabiamente" había decidido que no le convenía desoír los consejos de su madre si deseaba su aprobación.

En fin, con todos estos casos solamente te quiero mostrar cómo en muchas situaciones nuestros bloqueos internos en realidad son mecanismos de protección mal interpretados, o por decirlo de otra manera, gritos de alerta que nos da nuestro niño interior desde el fondo de nuestro subconsciente. Por eso no debemos juzgar tajantemente nuestros miedos, nuestros bloqueos o nuestras carencias, ya que como ves pueden tener una base profundamente enraizada en nuestro niño interior.

Como ya hemos comentado, el niño interior se asienta en nuestro hemisferio derecho, el que tiene que ver con la impulsividad, mientras que el adulto interior opera desde el hemisferio izquierdo, dominado por la lógica y la razón.

Por este motivo, tal y como acabamos de ver en las historias de Patricia, Jorge y Elena, nuestro niño interior sigue actuando como lo haría un niño. No es capaz de racionalizar o pensar con objetividad: simplemente generaliza. Así pues, si una niña se reía de mí en la escuela, lo que debo hacer es no volver a hablar en público y no se reirán de mí; si mi madre me decía que debo tener los pies "en el suelo" no debo alejarme nunca de la tierra firme; si aunque las aguas eran poco profundas casi me ahogo, entonces no debo meterme nunca más en el agua.

Sin embargo, el niño interior opera solamente a nivel emocional. Mientras que la persona que se ve afectada por un niño interior herido no es capaz de desprenderse de ciertos sentimientos de odio, miedo, frustración o angustia, en otros aspectos de su vida como la faceta laboral o sentimental, puede alcanzar sin problemas el éxito aun llevando a cuestas sus carencias. Esto, al igual que la doble faceta del niño interior y la visión de su lado oscuro, no es más que otra muestra de lo complicado que puede llegar a ser el mundo emocional.

# 11 ¿CÓMO AYUDARTE A SANAR?

¿Cómo ayudar a sanar la herida emocional del niño interior y recuperar la felicidad perdida en la infancia? En primer lugar, concienciándonos de la existencia de nuestro niño interior, cosa que ya hemos hecho.

A partir de aquí, debemos aprender a comunicarnos con él, escuchar lo que nos dice escuchando lo que nos dice y dialogando con él o ella. Durante la niñez, los primeros años de nuestra vida constituyen un periodo de lo que se llama una "continuidad cómoda", en la que tenemos a nuestro alcance todo lo necesario para sobrevivir. El amor y la protección de nuestros padres, que nos aportan no solamente afecto, sino también techo y alimento, nos hace sentirnos amables y confiados con el mundo que nos rodea... hasta que un día sucede algo que marca nuestras vidas y nos hace darnos cuenta de que también existe el dolor y el sufrimiento. Este es el llamado "evento interruptor" en psicología, que constituye el día en que se perdió nuestra inocencia infantil, lo cual puede haber sucedido de muchas formas.

Para algunos, el evento interruptor sucedió el día en que su papá o su mamá los abandonó. Para otros, fue el momento en que fueron plenamente conscientes de que algo que sucedía a su alrededor no era normal, como es el caso de las víctimas infantiles de abusos. En otros casos, pudo ser el primer día en que alguien les hizo un comentario cruel que acabaría por cambiar su existencia.

Algunos de nosotros sabemos ya de antemano cómo y cuándo se produjo el evento interruptor. Otros no lo tenemos tan claro, pues ni siquiera nos acordamos. Para llegar hasta el fondo de esta cuestión, existen diversos recursos, como la meditación o algunas técnicas de PNL.

Por último, una vez hemos localizado el evento interruptor, que es la fuente de donde emana todo el daño sufrido, debemos proceder a cerrar traumas y frustraciones infantiles no resueltos, liberando el dolor, la tristeza, la frustración que llevamos contenidos en nuestro interior, para poder así volver a conectar plenamente con nuestra antigua esencia. Para llegar a esta sanación final también tenemos en nuestras manos varias técnicas diferentes que pueden usarse solas o combinadas.

Antes de continuar, me gustaría matizar el concepto de "sanación". Para mucha gente, la palabra sanación es un sinónimo de curación. Sin embargo, la sanación va mucho más allá de ser un simple sinónimo de "curación": mientras la curación se refiere a enfermedades del cuerpo, la sanación se centra en los malestares del alma. Afortunadamente, existen a nuestro alcance una serie de recursos que pueden ayudarnos a sanar nuestro espíritu y a volver a sentirnos en armonía con nosotros mismos. Aquí te presento una serie de ellos, pero la lista no es exhaustiva. ¡Las posibilidades son prácticamente infinitas! Te invito no solo a leerlos sino también a llevarlos a la práctica. Piénsalo: ¿por qué sentirte mal cuando puedes sentirte bien?

## Perdonar

Perdonar a quienes te dañaron es un paso imprescindible para conseguir la sanación de la herida emocional de tu niño interior. Para esto puede ayudar escribir una carta a tu padre, su madre o quien le dañó en el pasado. Cuéntale cómo te sentiste, pero hazle saber que le has perdonado.

## Autoafirmaciones positivas

Si durante la infancia no escuchaste las afirmaciones que todo niño necesita escuchar por parte de los adultos o cuidadores, tu niño interior se encuentra todavía estancado en ese periodo, esperando que alguien le diga las cosas que nunca escuchó en su momento. Siguiendo la lista de afirmaciones para niños elaboradas por Pam Levin, he aquí algunas de las afirmaciones positivas que puedes dirigirle a tu niño interior:

✓ Me alegro de que hayas nacido
✓ Estoy contento/a de que estés conmigo
✓ Nunca te abandonaré
✓ Me gustas tal como eres
✓ Eres especial y único/a
✓ Quiero cuidarte y estoy dispuesto a hacerlo

## Meditación

Ponte ropa cómoda y busca un lugar tranquilo en el que te sientas seguro y a gusto. Elige música suave, cierra los ojos y concéntrate en tu respiración. Siente cómo tu cuerpo se aligera, deja que tus miembros se relajen y se sientan pesados y respira hondo.

**Ejercicio 1:** Visualiza la casa donde vivías de niño y trata de recordar los pequeños detalles: tu escuela, tu mejor amigo, los paisajes de entonces….

Ahora imagínate que, como adulto, te encuentras en la misma habitación donde estabas cuando eras un bebé. Toma en brazos al bebé que fuiste y susúrrale las afirmaciones que hemos mencionado en el apartado anterior: "Me alegro de que hayas nacido", "Nunca te abandonaré"... Luego deja al bebé en su cuna y prepárate a volver al presente.

**Ejercicio 2:** Cuando te encuentres en un estado de relajación conveniente trata de buscar, allá en tu conciencia, la parte de ti en la que se reflejan tus sentimientos más puros y primarios: ese es tu niño interior.

Entabla una charla con él o con ella y trata de preguntarle: "¿Cómo te sientes? ¿A qué le tienes miedo? ¿Qué hay en mi vida que no te gusta? ¿Cómo puedo ayudarte a sentirte feliz y seguro?"

Ten en cuenta que la meditación, sobre todo si eres capaz de llegar a un estado muy profundo de consciencia, no se recomienda en los siguientes casos:

- ✓ Si estás solo en casa o en el lugar en que realices la relajación. Siempre es más seguro que informes a otra persona que se encuentre en las proximidades de lo que vas a hacer.

- ✓ Si tienes diagnosticado algún desorden mental o psicológico, estés o no en tratamiento, te mediques o no.

✓ Si has sido víctima de violencia sexual no diagnosticada.

✓ Si tu estado emocional es muy inestable.

✓ Si tu terapeuta te ha recomendado no practicar aun la meditación en este punto de tu terapia, o no practicarla por tu cuenta.

Consulta en todo caso a un terapeuta cualificado antes de practicar la meditación para conectar con tu niño interior. Los ejercicios de conexión con tu niño interior siempre constituyen experiencias muy intensas y emocionales.

¿Qué hacer para recuperar a ese niño, tan olvidado, que llevamos dentro?

**Vivir las emociones**. Están para eso: Para ser vividas. No reprimidas, ni exaltadas. Básicamente, existen cuatro emociones: Miedo, rabia, tristeza y alegría. Pero se nos prohibió tan pronto vivirlas y dejarlas salir, que las hemos puesto en un rincón de nuestra vida. Permitámonos sentir y aceptar el miedo, no prohibirnos la rabia, asumir la tristeza y la alegría en todas sus formas. El único límite es el respeto a los otros y a nuestro equilibrio personal.

**Desarrollar la intuición**. Ese sexto sentido que parece tener tan poco que ver con la racionalidad. Ese olfato para captar los matices, para interpretar las situaciones y diseñar conductas, es más fértil de lo que parece.

**Dar rienda suelta a la creatividad**. Apartémonos de la rigidez, de lo aprendido, de lo que nos lleva por carriles preestablecidos. Dibujar, pintar, modelar, cantar, tejer, tocar un instrumento, cultivar plantas o árboles, coleccionar, escribir... ¡Hay tantas opciones atractivas para emplearlas en el tiempo de ocio!.

**No perder el sentido de la curiosidad**. Descubramos nuevas geografías, personas o libros. Accedamos a otros conocimientos, a opiniones y culturas diferentes.

**Jugar por jugar, por el placer del juego en sí mismo**. No por competir, ni por ganar. Desde el sedentario hasta el más activo, los juegos canalizan vivencias insuficientemente expresadas. Demos oportunidades a la risa.

**Permitir sentimientos de indefensión**. Aprender a pedir, a buscar ayuda, a dejarse proteger y mimar. No por ello se menoscaba nuestra dignidad o fortaleza. Cuantas más oportunidades demos a los demás para que nos ayuden, más importantes seremos para ellos y más acogidos y seguros nos vamos a sentir.

**Aprovechar y fomentar las oportunidades para desarrollar la fantasía y la aventura**. Y, por supuesto, la capacidad de gozar.

**Trabajando el niño interior en estados ampliados de conciencia**

Después de haber liberado del laberinto al niño interior, si el paciente se siente bajo de estima, triste y no sabe cual es la razón, lo que se debe hacer es ir a visitar a su niño interior a través del intrabody sabiendo que está alojado en su corazón que fue donde le guardó en su día, su nueva casa.

Una vez lo encuentre podrá hablar con él y preguntarle directamente que es lo que le ocurre y el porqué se siente de esa forma. Quizás su niño solo necesite un abrazo de su parte o bien un tiempo para que puedan jugar ambos, de todas maneras, en sus conversaciones privadas, él niño le dirá al adulto lo que necesita para que ambos sean más felices.

A continuación te comento una visualización guiada para ayudar a tu paciente a conectar con ese niño interno:

"Busca una posición cómoda para relajarte, preferiblemente sentado en una silla, de esta manera evitarás quedarte dormido. Relaja todo tu cuerpo y cierra los ojos. Respira lentamente por la nariz hasta que no puedas más, seguidamente deja el aire por unos segundos y después expira, también lentamente hasta quedarte sin aire. Vuelve a repetir el mismo proceso respira, aguanta y expira hasta que no te quede aire y vuelve a repetirlo por última vez inspira retén el aire y expira tranquilamente.

Nota como tus brazos y piernas se distienden cada vez más. Ahora nota como toda la parte del cuerpo superior se distiende, se relaja cada vez más. La parte de las piernas, la pelvis y los pies también están distendidos. En este instante en tu mente vas a vislumbrar un puntito de color blanco. Este puntito cada vez se está haciendo más grande. Hasta ocupar toda tu mente. En este momento atraviesas todo el punto y te encuentras en un hermoso campo de verde cubierto de hierbas. Estás muy a gusto. Te sientes bien en este campo. Nota como el fresco olor de hierba penetra suavemente en tu olfato. La brisa del campo es excelente. Te sientes muy bien y feliz contigo mismo. Ahora piensa en ti cuando eras un niño con una edad entre los 3 y los 6 años. Mira como vas vestido, cual es la situación concreta que estás viviendo, como te sientes. Concéntrate en tu corazón y libera las sensaciones que en estos momentos llevas dentro de ti. Si puedes, toma al niño en tus brazos y pregúntale que le ocurre, porqué se siente herido. Dile que ahora ya no está solo, que tú vas a cuidar de él, que nadie volverá a dañarle, que estareis siempre juntos, que le enseñaras muchas cosas y os ayudareis ambos a sanaros mutuamente.

Haz las paces con tu niño, dale un fuerte abrazo, bésalo, acarícialo y dile lo mucho que le quieres y que siempre estarás ahí, para lo que necesite de ti. Repite ahora abrazándolo con fuerza y en voz alta: "yo soy XXXX y mi niño y yo estamos integrados y sanos

Y ahora despídete de tu niño. Vuelve al campo verde. Ahora verás una gran luz blanca. Dirígete hacia ella y traspásala. Llegarás al otro extremo de la luz donde puedes ver como la misma desaparece lentamente. Hasta que lo hace del todo. Ahora ya puedes abrir los ojos lentamente, con mucho cuidado. Mueve los pies, brazos y piernas suavemente. Ahora con todo el cuerpo. y finalmente ya puedes levantarte, con cuidado".

Pregunta ahora a tu paciente qué es lo que más le ha llamado la atención del contacto con su niño interior? ¿Cual ha sido la conclusión de su experiencia?.

## Programación Neurolingüística (PNL)

Las técnicas que nos ofrece la PNL en general para salir de nuestra zona de confort y alcanzar nuestros objetivos son útiles y eficaces, aún a corto plazo. También nos ayudan de forma poderosa a vencer barreras y resistencias al cambio.

Los recursos que te ofrece la PNL para aportarle tu amor y la seguridad que necesita a tu niño interior son muy efectivos porque te ayudan a entrenar el estado mental adecuado para conseguirlo. Tú necesitas transitar del estado mental actual que ahora te ocupa al estado mental deseado sin que esto te genere ningún conflicto. Necesitas motivación, compromiso y confianza en ti mismo, habilidades que te proporcionan las técnicas PNL, solo así lograrás entrar en sintonía con tu niño interior.

## Psicoterapia

Una vez localizado el evento interruptor por medio de técnicas como hipnosis, PNL o meditación, algunas formas de psicoterapia pueden ser muy útiles para liberar los sentimientos dolorosos y rediseñar nuestra vida sanando al niño herido. Quiero destacar aquí los beneficios de la terapia Gestalt, un tipo de psicoterapia que trabaja afrontando las situaciones dolorosas de nuestra vida, liberando las emociones y promoviendo la conciencia.

## Hipnosis Clínica

Una de las terapias más efectivas para viajar a la infancia y "rescatar" al niño que fuiste desde el momento presente del adulto actual es la hipnosis clínica. La hipnosis es el vehículo que te permitirá viajar hacia el encuentro profundo contigo mismo, y sanar la herida emocional de tu niño interno.

Aunque quizás la palabra "hipnosis" te evoque la

imagen de un hombre que mueve un péndulo ante los ojos de otro, y otro hombre que camina como sonámbulo con los ojos en blanco, esta es una visión distorsionada que popularizó la industria cinematográfica. El objetivo de la hipnosis clínica es llevarnos al estado de relajación, armonía y equilibrio que es inherente al ser humano. Solo así conseguiremos no distraernos por factores externos y estar totalmente alerta con respecto a nuestro propio interior.

La hipnosis clínica es muy efectiva para las sesiones de terapia regresiva. Mediante una relajación profunda, primero se induce a la persona a un estado ampliado de conciencia. El objetivo es conectar ambos hemisferios del cerebro: la emocional (derecha) y la lógica (izquierda), o lo que es lo mismo, la que siente (derecha) y la que piensa (izquierda). ¿Te suena? Sí, exactamente, buscamos conectar al niño interior con tu "yo" adulto.

A partir de aquí iremos buceando en nuestra conciencia, recreando escenarios, rescatando informaciones y recordando experiencias del pasado. En las diferentes sesiones se trabajarán las diferentes experiencias de la niñez que están afectando al adulto en la actualidad. Se trata de hacer comprender al niño interior lo que no pudo en el pasado, e integrarle en nuestra personalidad actual.

Los esquemas anteriores de comportamiento, originados por los traumas y conflictos de la infancia, dejarán de funcionar una vez que se hayan comprendido y aceptado, pues el niño interior comprenderá que ya se han dejado atrás. Esto nos permitirá renunciar a las antiguas creencias y crear nuevos patrones de comportamiento más saludables, lo que se verá reflejado en nuestra forma de afrontar la vida.

## Terapia Regresiva Reconstructiva (TRR)

La Terapia Regresiva Reconstructiva TRR integra diferentes técnicas milenarias utilizadas tanto en la cultura oriental como la occidental a lo largo de todos los tiempos, mezcladas con diferentes enfoques de distintas escuelas psicológicas y a la vez con nuevos elementos avalados por las investigaciones científicas actuales. La Terapia Regresiva Reconstructiva TRR busca el objetivo de trabajar en las profundidades de la mente humana con una actitud abierta y un estado ampliado de conciencia similar al de la hipnosis clínica que hemos descrito más arriba.

Las regresiones son las vivencias que se generan a partir de este peculiar estado de conciencia, puesto que el objetivo es regresar a la etapa de la vida en la que se han quedado los conflictos no resueltos, en este caso la infancia, aunque las regresiones pueden ampliarse a la vida intrauterina e incluso a vidas anteriores, trabajando a través de la memoria celular, el ADN, la memoria extracerebral y la memoria celular, la percepción extrasensorial, etc. Un terapeuta especializado induce al paciente en un trance hipnótico suave en el que se liberan ondas cerebrales theta, favoreciendo así la libre asociación del inconsciente y una mayor capacidad de emotividad. De esta forma podrás revivir los orígenes de tus vivencias traumáticas, que son el origen de tus desequilibrios o carencias actuales.

El objetivo de la Terapia Regresiva Reconstructiva es que la mente de la persona retroceda en el tiempo para localizar información, problemas o resistencias del pasado que hayan quedado guardados en el inconsciente sin haber podido ser entendidos ni expresados y las emociones que a su vez hayan generado.

El principio es dejar que afloren aquellas situaciones reviviéndolas nuevamente para entender cómo, frente a diversos impactos emocionales, dolorosos, el embrión, feto, bebe o niño, tuvo que aprender una serie de patrones de conducta para poder sobrevivir, reconocer cada uno de ellos y darse cuenta de cómo se convirtieron en creencias inconscientes que han ido generando a lo largo del tiempo un desequilibrio interno a través de una tensión física y una carga patológica que han desarrollado unos núcleos enfermizos, causantes de su malestar actual y que lo mantienen atado a una estructura rígida de su personalidad. Estos son los episodios traumáticos no resueltos.

La parte de esta terapia que se enfoca en la sanación a partir de la reconstrucción (de ahí el nombre de "reconstructiva"), ensoñaciones y analogías mentales inconscientes, etc. y se le llama "Reconstructiva" porque en una parte del protocolo de trabajo, se propicia, de manera virtual, pero con la emoción real, la reconstrucción de los hechos que causaron el trauma que está impidiendo el avance de la persona en la vida

actual. Esta parte del proceso es la realmente
sanadora.

# 12 SANANDO AL NIÑO INTERIOR

¡Bienvenido al último capítulo de este viaje que has emprendido hasta el fondo de ti mismo!

A lo largo de este libro has leído quién es tu niño interior, cómo surgió y dónde se encuentra. También has recibido información para averiguar si tu niño interior se encuentra herido o por el contrario está conectado con tu ser adulto. En caso de tener un niño interior herido, ahora ya podrás alcanzar a vislumbrar si fue humillado, abandonado, abusado... En el capítulo anterior has podido leer una pequeña relación de terapias y recursos enfocados a restablecer la armonía del niño interior. Como ves, hemos avanzado mucho en el proceso.

Por último, en este apartado solo me queda ofrecerte los tres puntos necesarios para la sanación final de tu niño interior: en primer lugar encontrarás el cuestionario creado por John Bradshaw para averiguar el grado de daño en tu niño interior herido. El segundo punto te aporta toda la información necesaria sobre la aplicación de la TRR a la sanación del niño interior. Y por último hablaremos de la integración del niño interior sano con el adulto que eres hoy en día (el Adulto Naciente).

Así pues, te invito a que te pongas cómodo y disfrutes de esta última etapa de tu viaje.

## Autodiagnóstico del niño interior

Aquí te presento el ccuestionario original de John Bradshaw, para saber en qué grado tu niño interior está herido, a través del análisis de tres grandes áreas de tu vida: **la identidad, las necesidades básicas y la socialización**.

Responde sí o no a cada pregunta, con sinceridad y atención, reflexionando profundamente tus respuestas. No te dé miedo ni vergüenza, pues nadie va a juzgarte: este cuestionario es solo para ti mismo.

## A. IDENTIDAD

1. Experimento ansiedad y miedo siempre que pretendo desarrollar una actividad nueva.

2. Por lo general, trato de complacer a la gente (tipo simpático/amistoso) y no tengo identidad propia.

3. Soy rebelde. Me siento vivo cuando tengo conflictos.

4. En lo más recóndito de mí ser, siento que existe algo de maldad.

5. Soy muy avaro; me cuesta mucho desprenderme de algo.

6. Me siento insatisfecho como hombre/mujer.

7. Estoy confundido acerca de mi identidad sexual.

8. Me siento culpable cuando tomo una decisión; preferiría dejar la responsabilidad a otros.

9. Me cuesta trabajo iniciar alguna actividad.

10. Me es difícil concluir los trabajos que inicio.

11. Raras veces tengo un pensamiento propio.

12. Continuamente me critico por no actuar de la manera correcta.

13. Me considero un terrible pecador y temo que me iré al infierno.

## B. NECESIDADES BÁSICAS

1. No estoy en contacto con mis necesidades corporales. No sé cuándo estoy cansado, cuándo tengo hambre o cuándo estoy lujurioso.

2. No me gusta que me toquen.

3. A menudo tengo relaciones sexuales cuando realmente no lo deseo.

4. He padecido o actualmente padezco algún desorden digestivo.

5. Me obsesiona el sexo oral.

6. Raras veces sé qué es lo que siento.

7. Me avergüenza enfurecerme.

8. Raras veces me enojo, pero cuando lo hago, me enfurezco.

9. Temo a la ira de otras personas y haría cualquier

cosa por controlarla.

10. Me avergüenza llorar.

11. Me avergüenza tener miedo.

12. Casi nunca expreso *mis* emociones desagradables.

13. Estoy obsesionado con el sexo anal.

14. Me obsesiona el sexo sadomasoquista.

15. Me avergüenzan mis funciones corporales.

16. Padezco de sueño irregular.

17. Ocupo excesivo tiempo en ver programas pornográficos.

18. Me he exhibido sexualmente de una manera ofensiva

para otros.

19. Me atraen sexual mente los niños y me preocupa llevar

a la práctica esa tendencia.

20. Creo que el alimento y/o el sexo es mi necesidad mayor.

## C. SOCIALIZACIÓN

1. Básicamente desconfío de todos, incluyéndome a mí.

2. He estado casada, o lo estoy ahora, con un drogadicto.

3. Soy obsesivo y dominante en mi relación.

4. Soy drogadicto.

5. Estoy aislado y temo a la gente, especialmente a las personas con autoridad.

6. Odio estar solo y haré casi cualquier cosa por evitado.

7. Hago las cosas que otros esperan que haga.

8. Evito los conflictos a toda costa.

9. Raras veces digo "no" a las sugerencias de otros, y las considero casi como una orden que debe ser obedecida de inmediato.

10. Tengo un sentido de responsabilidad superdesarrollado. Me es más fácil interesarme en otra persona que en mí.

11. A menudo me niego a hacer lo que otros me piden que haga, de diversas formas manipuladoras, indirectas y pasivas.

12. No sé cómo resolver los conflictos con otras personas. O bien domino a mi oponente o me alejo completamente de él.

13. Raras veces solicito que me aclaren alguna información que no entiendo.

14. Frecuentemente adivino el significado de los comentarios de alguien y respondo basándome en mi suposición.

15. Nunca me sentí allegado a mis padres.

16. Confundo el amor con la lástima; tiendo a amar a la gente que debería compadecer.

17. Me ridiculizo a mí mismo y a los demás si se comete algún error.

18. Cedo fácilmente y me adapto al grupo.

19. Soy enconadamente competitivo y un mal perdedor.

20. Lo que más temo es el abandono, y haría cualquier cosa por conservar una relación.

Si has contestado afirmativamente a diez o más de estas preguntas, necesitas hacer un esfuerzo serio para sanar la herida emocional de tu niño interior. Te recomiendo que pongas en práctica alguna de las técnicas que te explico en este capítulo, siempre con la ayuda de un buen terapeuta especializado.

## Aplicación del método terapéutico de la Terapia Regresiva Reconstructiva TRR

El adulto del presente lleva en su mente, alma y espíritu impreso el niño que fue años atrás, y ese niño que fuimos está impregnado de todas esas experiencias primarias vividas en la infancia. En la vida actual del adulto que somos, esas experiencias siguen teniendo vigencia y, en muchos casos, son las que rigen y controlan nuestro destino.

Es posible que algunas personas se identifiquen y digan que esto es verdad en su caso, aquellos cuyas creencias a nivel religioso no son negociables por la forma en que las aprendió de sus padres. Otros dirán, sin embargo, que fueron niños muy felices porque siempre estuvieron rodeados de amor, pero no comprenden por qué no son capaces de relacionarse bien con otras personas o les da miedo a hablar en público. En ese caso tenemos posiblemente a un ser humano que en su niñez fue sobreprotegido, que tuvo exceso de amor y de cuidados que le incapacitaron para hacer las cosas por sí mismo. Otros tantos dirán que son muy sanos porque en su casa todo estuvo bien con sus padres, así que no tiene trauma alguno coma para ser tratado. Pero si buscamos en la vida de esa persona, se pueden encontrar falencias, miedos o fobias que tuvieron su inicio en algún momento de su vida, especialmente, en la niñez. De manera que no podemos descartar ninguna situación emocional por sanar o mejorar en nuestras vidas.

Al sanar tu niño interior con Terapia Regresiva Reconstructiva TRR serás más feliz, pues mientras otros procesos terapéuticos o de autoayuda solo trabajan en la superficie, en lo que se ve, la TRR va directamente hasta el fondo de la situación, hasta la raíz o profundidades del ser, dándole al niño que fuimos las herramientas y recursos adecuados, para sanarse, levantarse y llegar al corazón del adulto actual.

Ante todo debes tener un profundo deseo de cambio, inocencia, creatividad y aprendizaje, cualidades que tienen los niños. De no ser así, si eres de los que sostienen constantemente una actitud de dureza, coraje y seriedad de adulto, todo esto impedirá una transformación o cambio total de tu vida, ya que la única manera de abrir el cofre de los secretos donde reside nuestro niño interior es precisamente actuando como un niño, con inocencia, asombro, creatividad, curiosidad por descubrir cosas nuevas y espíritu de juego. Por eso es recomendable bajarse del trono del adulto de hoy al nivel del niño que fuimos ayer.

Si das los pasos correctos para sanar tu niño interior con terapia regresiva reconstructiva, muy pronto serás tan feliz que tendrás que pellizcarte para saber si eres tú. Pensarás que estás en un sueño, pues la terapia regresiva reconstructiva es una herramienta muy poderosa para sanar el niño interior y generar poderosos cambios en corto plazo, llevando así al adulto de hoy a una metamorfosis donde el niño interior se sane y el adulto de hoy nace. El niño interior sano y el adulto naciente fundidos en un solo ser.

Si ya estás disfrutando de una vida llena de bendiciones y beneficios después de haber sanado a tu niño interior con Terapia Regresiva Reconstructiva TRR, lo siguiente es trascender al próximo nivel. No basta con que hayas sanado a tu niño interior, que estés experimentando felicidad y gozo, pues esto solo será el principio de una vida más allá de tus sueños, donde disfrutarás de máximos niveles de excelencia integral en todos los aspectos: no solo la salud, dinero y amor son necesarios para trascender, sino también las relaciones sociales, familiares, de pareja, contigo mismo, y en definitiva de toda índole, también formarán parte de tu trascendencia. Es complejo poner un ejercicio o ejemplo de una sesión terapéutica de Terapia Regresiva Reconstructiva, por escrito ya que al ser tan poderosa e intensa requiere de la presencia de un profesional entrenado que te pueda ayudar a entender lo que está pasando en ti vida.

Te recuerdo que este libro es informativo y no un manual o protocolo terapéutico, por eso en el caso de la Terapia Regresiva Reconstructiva, te recomiendo buscar un profesional competente en esta área o Terapeuta Regresivo Reconstructivo que te pueda ayudar a sanar a tu niño interior.

Integración del niño sano con el adulto naciente

Cuando tienes buena salud y gozas de la energía vital de la vida, te puedes mover con facilidad por doquier llevando paz y amor en tu corazón y vida misma, sin tropezar con la incertidumbre del dolor emocional.

Cuando has hecho el camino del niño interior y el adulto sano donde ambos se funden en un solo ser la felicidad siempre llamará a tu puerta y ésta siempre estará abierta simplemente por el hecho de ser más feliz y vivir una vida abundante donde nunca más habrá lugar para la miseria, el dolor, el odio o cualquier otro evento o elemento emocional que te impida alcanzar tus sueños.

Ahora bien todo lo que hemos hablado hoy sobre el niño interior y el adulto sano lo puedes lograr y alcanzar con TRR y trascender al siguiente nivel, o estado de felicidad, paz interior o simplemente lugar deseado.

Los beneficios de la sanación de tu niño interior y de la conexión con tu Adulto Naciente serán innumerables, pero aquí te presento una simple lista de los más inmediatos y remarcables:

- ✓ Dormir más y mejor.
- ✓ Gozar de buena salud física y emocional.
- ✓ Tener siempre el control de las situaciones que se presenten sin decaer o sucumbir ante la frustración.
- ✓ Tener relaciones íntimas y sociales con gran excelencia integral.
- ✓ Equilibrio y armonía en tu vida de pareja.
- ✓ Prosperidad integral pues al caer las cadenas del pasado que te ataban se abren las puertas de las posibilidades y bendiciones a nivel integral en tu vida y entorno.
- ✓ Libertad y sensación de alivio constantes a nivel físico y corporal.
- ✓ Éxito en los negocios y vida laboral.
- ✓ Fluidez mental representada en la buena memoria y situaciones que requieren de agilidad mental e intelectual.

✓ Mas años de vida, pues las personas felices viven muchos más años que aquellas que no lo son.

✓ Evolución y despertar espiritual.

✓ Cumplimiento de sus metas, sueños y objetivos.

✓ Creatividad sin límites acompañada de la curiosidad de un niño explorador.

✓ Te conviertes en un ser pacífico, pacificador e integrador.

En la Escuela del Niño Interior contamos con un curso de entrenamiento en sanación emocional del niño interior, que está dirigida a Coaches, Psicólogos, Facilitadores en procesos de cambio, Terapeutas y Consultores en desarrollo personal. Donde después de su entrenamiento e intervención personalizada de experimentar en primera persona a su niño interior sano, estarán preparados para ayudar a otros a sanar y aplicar en sus sesiones el Protocolo de la Escuela del niño Interior.

En conclusión, todo lo loable, admirable y

respetable a nivel de los valores humanos poseería la integralidad de tu ser y sólo quedaría una gran sensación de eterna gratitud por desabrir en tu vida el eslabón perdido de la felicidad al sanar tu niño interior integrándolo en un eterno abrazo de amor con el adulto naciente.

# AGRADECIMIENTOS

Para llegar a la cima de la montaña debes empezar a escalar, es precisamente lo que yo, Pastor García, estoy haciendo desde hace quince  años atrás, cuando decidí renunciar a mi profesión como Religioso Misionero y dedicarme a servirle a mis semejantes desde otras ópticas y fuentes valiosas como la Psicología, Programación Neuro-Lingüística, (PNL), Desarrollo Personal y Atención personalizada a poblaciones vulnerables a nivel emocional, con padecimientos psicológicos como la depresión, trastornos del estado de ánimo y tendencias suicidas, dándoles otra salida y opciones para la vida, porque gracias a mis conocimientos pude descubrir mi misión en la vida que en la actualidad llevo con amor ayudando a miles de seres humanos a Sanar su Niño Interior para que trasciendan al siguiente nivel, ya que he tenido una extensa experiencia por los años pasados en el campo religioso como misionero, ya que viajé por todo el mundo, viendo cara a cara el dolor humano, donde estuve consolando, enjugando lágrimas, alfabetizando, curando heridas físicas y emocionales, dando nuevas esperanzas a los moribundos por la guerra, enfermedad y abandono social,

En ese proceso, nunca estuve solo y por ello quiero reconocer a todas las personas que formaron parte de mi crecimiento integral.

Nombraré sólo algunas de ellas, ya que si lo hiciera con la totalidad no cabrían ni en mil páginas de papel, teniendo en cuenta que en mi recorrido misional y en la actualidad como conferencista he hablado a auditorios de más de cincuenta  mil personas, tal y como lo hice en el Estadio Atanasio Girardot de la ciudad de Medellín, donde acudieron más de cincuenta y cinco mil personas en busca de consuelo y respuestas para su vida, así como en otros pueblos y países a nivel presencial y hoy en línea a través del programa Sanando al Niño Interior, que se emite por internet varios dias a la semana llegando a todo el mundo de habla hispana.

Teniendo en cuenta lo anterior, descubrirás que me será difícil poner el nombre de todos aquí, por ello si no ves el tuyo aquí, te aseguro que en mi corazón, siempre estará escrito con un alto deseo de gratitud por tu generosidad y bondad en mi camino.

Gracias a Alexander Gómez Cofundador de la Escuela del Niño Interior, compañero de camino en estas hermosas aventuras de ayudar a otros.

Gracias a la Doctora Claudia Huertas Psicóloga y Terapeuta de la Escuela del Niño Interior, quien nos aporta constantemente valor en las diferentes actividades de la Escuela del Niño Interior, además de agregar valor en la vida de cada Alumno, Terapeuta y Facilitador que acompaña en su proceso de formación.

A francisco Pulgarin (Pacho) concejero y experto en acompañamiento Espiritual de la Escuela del Niño Interior, quien con su sabiduría, prudencia y silencio interior, enriquece constantemente nuestra labor de ayudar.

A Walter Piedrahita, consejero y facilitador de Escuela del Niño Interior, quien con su capacidad mayéutica y analítica, nos empuja hacia la vida tomando decisiones y acciones concretas.

Gracias a Oliva Vázquez (la Señorita Oliva) quien fue la primera persona que me conectó en mi niñez con el mundo mágico a través de los cuentos y actividades lúdicas, que nos compartía en la biblioteca municipal en mis primeros días de la escuela primaria, mil gracias a ella por ser un ser de luz o espíritu evolucionado que a través de la cultura ha enriquecido a miles de personas.

Para terminar es imposible vivir una vida feliz sin la intervención, amor, colaboración y ayuda de los otros seres humanos que nos rodean. Abrazos y Bendiciones para Todos y Todas. Gracias.

Pastor García Zapata
Terapeuta Regresivo Reconstructivo
"Siempre a una llamada o clic de distancia"

## Sobre el autor

Pastor García Zapata es Terapeuta Regresivo Reconstructivo de la Organización Mundial de Terapia Regresiva reconstructiva Aplicada (OMTRRA). Estudió Filosofía, Teología, Escrituras Bíblicas y Psicología en la Universidad Pontificia Bolivariana, además cuenta con estudios en Programación Neurolingüística PNL y Coaching de la Escuela Superior de PNL y de la Universidad de Marketing y Ventas con PNL. Coach Ejecutivo The International School Of Coaching (TISOC) .

Su principal pasión es ayudar a los demás a Ser Más Felices y para ello cuenta con su formación profesional en Terapia Regresiva Reconstructiva, su mano derecha o principal herramienta de trabajo. Que utiliza diariamente en consulta personal y virtual, atendiendo personas por internet, con una experiencia de 5 años en el medio y con grande satisfacción y gratificación de parte de sus Clientes y Pacientes, que en la actualidad le reconocen públicamente como el Terapeuta del Alma. Siendo el primero en su especialidad que cuenta con un programa de televisión emitido varios días a la semana por internet, con una selecta y exquisita audiencia que lo sigue frecuentemente en su programa Sanando el Niño Interior, donde destaca los Beneficios de la Terapia Regresiva Reconstructiva.

**Blog:** http://pastorgarcia.com/

**Redes Sociales**

**Facebook:**
https://www.facebook.com/PastorGarciaTerapeut aTRR/

**Twitter:** https://twitter.com/PastorGarcia01

**YouTube:**
https://www.youtube.com/PastorGarciaTerapeuta TRR/

# Bibliografía

JEAN PIAGET, FORMACION DEL SIMBOLO EN EL NIÑO: IMITACION, JUEGO Y SUEÑO. IMAGE N Y REPRESENTACION

DR. LUIS ANTONIO MARTINEZ, Terapia Regresiva Reconstructiva una luz en el laberinto. Un método para reparar el alma 2009

PASTOR GARACIA, Terapia Regresiva Reconstructiva Trascender al Siguiente Nivel

http://pastorgarcia.com/
http://escueladelninointerior.com/

BRADSHAW, J., *Volver a casa: La recuperación y reivindicación del niño interno,* Los Libros del Comienzo: 2006.

BRADSHAW, J., *Volver a la niñez*, Selector: 2004.

CADARSO, V., *Abraza a tu niño interior.*

*Nunca es tarde para sanar tu infancia,* Palmyra: 2013.

JUNG, K.G., *Arquetipos e inconscientes colectivos*, Paidos Ibérica: 2009.

VV.AA., *Recuperar el niño interior*, Kairos: 1996.

Pastor García Terapeuta